„Tatort: Wardenburg, 6. Teil"

**prämierte Geschichten
des 6. Krimi-Schreibwettbewerbes der
Gemeinde Wardenburg**

ISBN 978-3-9804233-5-9

1. Auflage 2010

Herausgeber:	Gemeinde Wardenburg
Gesamtredaktion:	Rolf Vergin Gemeinde Wardenburg
Herstellung:	Books on Demand GmbH, Norderstedt
Titelbild:	Karin Engel, Münster

Tatort: Wardenburg, 6. Teil

**prämierte Geschichten
des 6. Krimi-Schreibwettbewerbes der
Gemeinde Wardenburg**

Inhaltsverzeichnis

GEMEINDE WARDENBURG

Vorwort
zum 6. Krimi-Schreibwettbewerb
der Gemeinde Wardenburg

Liebe Krimi-Leserin, liebe Krimi-Leser,

alle drei Jahre wird von der Gemeinde Wardenburg ein Krimi-Schreibwettbewerb ausgeschrieben.
Der 6. Wettbewerb ist nun am Ende des Jahres 2010 durch die Preisvergabe der unabhängigen Jury abgeschlossen worden.

Hauptanliegen des Wettbewerbes ist es, die Interessierten durch diese Ausschreibung zu motivierten, die latent bei jedem Menschen vorhandenen kriminalistischen Instinkte, Phantasien und Ideen kreativ umzusetzen und in Form einer Kriminalgeschichte, eines Kurzromanes oder auch eines Drehbuches auszudrücken – nachlesbar dann für den interessierten Krimi-Fan.

Das wichtigste Kriterium für eine Teilnahme besteht darin, dass ein Bezug zur Gemeinde Wardenburg hergestellt werden muss. Dies haben die Teilnehmer in wunderbarer Weise prächtig gelöst.
Die ausgewählten Geschichten weisen alles vor, was zu einem spannenden Krimi gehört.
Selbstverständlich sind natürlich nicht alle Geschichten für jeden einzelnen Menschen gleichwertig. Jeder hat so seine Vorlieben und Schwerpunkte im Genre Krimi: der eine möchte

den Mord, andere finden eine Entführung spannend, für andere wiederum ist ein Banküberfall das eigentliche Krimimotiv. Wichtig allerdings ist, darin sind sich alle einig, die Zufriedenheit - beim Lesen oder auch beim Schreiben.

Die Gewinnergeschichten sind, wie bei den anderen Wettbewerben auch, zusammengefasst und in dem vorliegenden Taschenbuch veröffentlicht worden.

Ich freue mich darüber, dass sich viele Menschen in unserer hektischen Zeit, Platz geschaffen haben, um eine spannende Geschichte für die Mitbürgerinnen und Mitbürger zu entwickeln, diese entsprechend zu formulieren und schließlich als schlüssige Handlung zu Papier zu bringen – zu unserer aller Freude und Entspannung.

Dezember 2010

M. Noske

Martina Noske
Bürgermeisterin

Die fünf Steine

Wenige Sekunden und zwei Griffe später war die Schaufel von Günthers Komatsu mit gut zwei Kubikmeter eines Torf-Sandgemisches gefüllt. Wilfried, sein Arbeitskollege und Bauleiter war gerade auf die oberste Sprosse zur Baggerkabine geklettert.
„Günther, du kommst doch auch zu meinem Geburtstag am Samstag?!“ Mit lauter Stimme, um das Dröhnen des Motors zu überbieten, klang diese Einladung eher wie ein Befehl. „Ja, natürlich, alter Mann, deinen 50. wollen wir doch anständig begießen“, gab Günther grinsend zur Antwort, ohne seinen konzentrierten Blick auf die dunkle Masse vor ihm abzuwenden.
Bislang lief alles nach Plan. Sogar besser als geplant!
Das mehrwöchige trockene und sonnige Wetter, sowie keinerlei technische Ausfälle sorgten beim Bauleiter für beste Laune. Seit einigen Tagen waren sie als Teil eines Tiefbauunternehmens damit beschäftigt, hier, im neuen Wardenburger Gewerbegebiet „Am Schmeel“ zwei große Baugrundstücke auszukoffern.
Beim ersten Grundstück verlief alles reibungslos, denn ab einer Tiefe von zwei Metern wiesen die zunächst weichen Bodenablagerungen eine steife Konsistenz auf, sodass die Grube schnell für den Füllsand vorbereitet war.
Die zweite Grube verlangte mehr Baggerarbeiten, denn bei der Sondierung wurden am Rande des Grundstücks in einer Tiefe von zwei Metern eingelagerte Torfhorizonte angetroffen. Wilfried wusste als Fachmann, dass hier die Bodenschichten bis in eine Tiefe von mindestens vier Meter auszutauschen seien. - Jetzt war es also so weit.
Zufrieden schaute Wilfried in die fast fertige Baugrube. Schaufel um Schaufel fraß sich Günthers Bagger tiefer in den nun moorigen Untergrund.
Verträumt dachte Wilfried an morgen Abend: Geburtstag, lauer Sommerabend, nette Gäste, Spaß, …
Ein jäher, kreischender Laut riss ihn aus seinem angenehmen Tagtraum.
„Verdammt noch mal! Wer rechnet denn hier unten noch mit Steinen“, hörte er neben sich Günther laut fluchen.

Verwundert starrten beide Männer aus der Glaskabine hinunter in die tiefe Grube. Sie trauten ihren Augen kaum. Die Baggerschaufel schien vorhin über die Oberseite mehrerer Steine hinweg geschrammt zu sein. Deutlich waren aufgereiht, fünf hellgraue Flecken auf dem Grubenboden zu erkennen.
Wortlos stellte Günther den Motor seines Baggers ab und kletterte zusammen mit Wilfried von der Maschine herunter.
Am Grubenrand fand der Bauleiter seine Sprache wieder. „Was haben wir denn hier entdeckt? Ein Hünengrab, eine alte Burgmauer, römische Grenzsteine ...?“
Getrieben von der Neugier schnappten sich beide Männer eine Schaufel, liefen einige Meter zurück, und ließen sich dort, wo die Baugrube noch nicht so tief war, rutschend auf den Grubenboden nieder.
Eine viertel Stunde waren sie nun schweigend schaufelnd damit beschäftigt, die Umrisse eines seltsamen „Steinwegs“ freizulegen. Tatsächlich waren es fünf aneinandergereihte Findlinge, jeder knapp 50 Zentimeter im Durchmesser.
„Was nun?“ Diese zwei Worte von Wilfried beschrieben die ganze eigenartige Szenerie treffend.
„Diese Steine sind zwar schnell weg gebaggert, ... aber was, wenn darunter noch mehr Steinschichten sind?“, meldete sich Günther nachdenklich zu Wort.
„Lass uns doch mal einen Stein ganz freilegen und ihn zur Seite heben, dann sehen wir ja ob noch mehr darunter ist", schlug Wilfried vor.
Gesagt, getan. Wilfried und Günther hoben den ersten, der gut 50 Kilo schweren Findlinge an und rollten ihn zur Seite.
Etwas Braun-graues kam nun zum Vorschein. Holz, Stoff, Leder ...?
Wortlos blickten sich die Männer an und griffen bald den nächsten großen Stein. Je mehr Findlinge sie anhoben und weg rollten, desto erstaunter und erschreckter wurde der Gesichtsausdruck der beiden Männer.
Es gab keinen Zweifel: Sie hatten eine Moorleiche entdeckt!

„Polizei“, schoss es Wilfried durch den Kopf.
Er spürte, dies war ein interessanter Fall für seinen Schwiegervater Martin Janssen, einem seit langem pensionierten Polizisten. Eilig fischte Wilfried sein Handy aus

der Tasche, tippte einige Tasten und führte kurz darauf ein knappes Gespräch mit seinem Schwiegervater.
Kaum zwanzig Minuten später stand ein hagerer, älterer Mann mit Strohhut und Umhängetasche neben ihnen.
Wortlos nahm der Alte eine hochwertige Digitalkamera aus seiner Tasche, umrundete langsam den freigelegten „Steinweg“ und schoss dabei zahlreiche Fotos aus unterschiedlichen Perspektiven.
„Eine gute Tatort- und Beweissicherung ist durch nichts zu ersetzen.“
Man merkte: Hier sprach ein Mann, der über 40 Jahre Erfahrungen im Polizeidienst gesammelt hatte.
„Die Findlinge passen nicht zur Moorleiche“, sagte der Hauptkommissar a.D. mit Nachdruck, - die Augen immer noch auf den ledrigen Leichnam in der Senke gerichtet. „Wir können und dürfen hier nicht mehr unternehmen. Ich rufe die Kollegen aus Oldenburg an, die sollen auch gleich die Spurensicherung mit schicken“, sprach Martin Janssen und griff bereits zu seinem Handy.

Eine halbe Stunde später erreichten drei Polizeiwagen das Gewerbegebiet „Am Schmeel“.
Eine hochgewachsene, schlanke Frau führte eine größere Gruppe Polizisten zielstrebig zur Baugrube. Als sie den älteren Mann mit dem Strohhut in der Grube erblickte, rief sie erstaunt und freudig aus: „Martin, was machst du denn hier an einem Tatort. Ich denke, du genießt deinen wohlverdienten Ruhestand.“
„Ein alter Kater lässt das Mausen nicht! - Lisa ich freue mich, dich mal wiederzusehen, entgegnete der alte Kommissar.
Kommissarin Lisa Wegemann gab ihrer Truppe kurze Anweisungen und bald darauf war der Fundort mit rot-weißem Flatterband abgesperrt und mehrere Beamte in weißen Overalls bückten sich über die Moorleiche.

Im Gegensatz zu diesem ereignisreichen, aufregenden Vormittag in einer Baugrube der Gemeinde Wardenburg, fiel das entsprechende Polizeiprotokoll sehr nüchtern aus.

Gemeinde Wardenburg, Gewerbegebiet: „Am *Schmeel/Barken*-Kamp". Um 11.25 Uhr wird Grundstück 31, *Feld 26 zum Fundort. Beschlagnahme des Fundorts um 11.35 Uhr. Übergabe an die Kollegen vom FK2 der Stadt Oldenburg. Die Kripo Oldenburg informiert ihre vorgesetzte Dienststelle in Hannover mit dem Vordruck »Todesermittlungsursache« über* die »Meldung eines unnatürlichen Todesfalles ... «.
Der Vermerk über die Leiche ist kurz: »Name: unbekannt.«
Kommissarin Wegemann hält als »vorläufiges Ermittlungsergebnis« fest:
„Lage des Leichnams *parallel zu dem Querdamm in einem ehemaligen Entwässerungsgraben(?), sodass zu vermuten ist, dass der Leichnam in einem derartigen Graben abgelegt wurde. Der Mitteldamm wurde vermutlich Anfang der siebziger Jahre planiert und der Entwässerungsgraben zugeschüttet,* sodass eine dort liegende Leiche im Torf begraben wurde."
Immer noch herrliches Sommerwetter.
Freitagabend saß Bauleiter Wilfried auf seiner Terrasse und schlug gerade den Gemeindeteil der Tageszeitung auf, als sein Blick an folgender Schlagzeile haften blieb:

Wardenburg. „Rätsel um Moorleiche noch immer nicht gelöst."
Es folgte ein kurzer Text, der noch einmal beschrieb, wann und wo der „Mann aus dem Moor" gefunden wurde. Dann folgte der Hinweis, dass die Staatsanwaltschaft Oldenburg veranlasst hat, die Moorleiche dem Institut für Rechtsmedizin der Universitätsklinik Eppendorf (UKE) in Hamburg zu überstellen. Mit neusten Methoden und Geräten will man dort der Leiche ihr „Geheimnis entlocken."
Auch jetzt, zwei Wochen später, wussten die Journalisten auch nicht viel mehr als Wilfried.

Aber zweihundert Kilometer weiter nordöstlich in Hamburg gab es jemanden, der bereits wesentlich mehr über die Moorleiche wusste.
Am darauf folgenden Tag erhält die Oldenburger Kripo per Fax den Untersuchungsbericht aus Hamburg. Absender Professor Ulf Bacher, Direktor des Instituts für Rechtsmedizin.
In dem Fax »Betr. Moorleiche« teilt er mit:

»Vollständiges Skelett, männlich. Altersbestimmung: ca. 20 bis 25 Jahre (gemäß Magnetresonanz-Tomografie).Körpergröße: mindestens 185 plus/minus 4 cm ..Todeszeitpunkt: vor 60 Jahren +/- 5 (gemäß Radiokarbonmethode) An den vorhandenen Zähnen keine Zahnarbeiten ... An den vorhandenen Knochen (hier: Thorax) befinden sich mehrere Absplitterungen ...u.a. Durchschuss *der 6. Rippe links und des Herzens mit Eröffnung beider Ventrikel, letal verlaufend!.*
Alle Untersuchungen bekräftigen den Verdacht des Tötungsdelikts.»

Kommissarin Lisa Wegemann vom FK2 las das Fax dreimal gründlich durch, bevor sie es nachdenklich auf ihren Schreibtisch legte. Sie wusste, dass diese Informationen einen riesigen Fortschritt in den Ermittlungen bedeuteten. Die eigenen Gerichtsmediziner hatten bereits bei den ersten Untersuchungen der Leiche herausgefunden, dass das Opfer nachweislich vier Einschusskanäle im Rücken aufwies. Ein Projektil im Körper konnte sogar isoliert werden. Es hatte das Kaliber 7.65 und stammte vermutlich aus einer alten „Walther PP."
Nahm man alle Fakten zusammen, so bedeutete das für Kommissarin Wegemann, ein Tötungsdelikt aufzuklären, das vor über 60 Jahren in der Gemeinde Wardenburg verübt worden war. Umgerechnet in Jahreszahlen hieß das: Der Tatzeitraum lag zwischen 1944 und 1954.
Bei der ersten Zahl zuckte die Kommissarin kurz zusammen. Krieg, Tod, Chaos ... schwirrten ihr im Kopf herum. 1944 bedeutete: Ein langer und mit äußerster Grausamkeit geführter Krieg hatte den Tod zur Alltäglichkeit gemacht und die Bereitschaft erhöht, selbst zu töten. Sie ahnte, das könnte die wohl schwierigste Ermittlung in ihrer Dienstzeit werden.

Nach einer ausführlichen Lagebesprechung im Polizeipräsidium fasste Kommissarin Wegemann die wichtigsten Ziele noch einmal zusammen. An die Kollegen des Ermittlungstrupps gewandt sagte sie mit fester Stimme: „Als erstes müssen wir die Identität des jungen Mannes herausfinden, der in der Zeit von 1944 bis 1954 einem

Gewaltverbrechen in der Gemeinde Wardenburg zum Opfer fiel.
Wir sollten den Tatverlauf rekonstruieren können um dann schlussendlich den Täter der Rechtsprechung zuführen.“

Zum Glück bekam sie zwei tüchtige, junge Kollegen für die Aufklärung dieses Falls zugeteilt, und - was eigentlich keiner wissen durfte - sie wollte ihren alten, pensionierten Vorgesetzten zusätzlich ermitteln lassen. Denn es war wohl mehr als purer Zufall, dass sie Martin Janssen durch diesen neuen Kriminalfall wieder getroffen hatte. Kommissarin Wegemann wusste, dass sie mit Hilfe von Hauptkommissar a.D. Martin Janssen dieses Kriminal-Puzzle würde lösen können.
Noch am selben Tag begannen ihre beiden jungen Kollegen mit der Recherche zum ersten Punkt: der Anfrage und Datenbank-Suche nach vermissten Personen.

Die Kommissarin verließ das Polizeigebäude, setzte sich in ihren Privatwagen und fuhr über die Cloppenburger Straße hinaus in Richtung Wardenburg.
Zwei Stunden später saß Kommissarin Lisa Wegemann noch immer auf der Terrasse ihres ehemaligen Chefs. Nachdem sie ihn mit sämtlichen Informationen versorgt hatte, atmete Martin Janssen tief durch.
„Lisa, wir sollten den seltsamen Fundort nicht außer Acht lassen. Hier, schau dir mal diese Fotos an.“ Mit diesen Worten übergab er der Kommissarin einen großen Stapel von Abzügen.
„Skurril, wie die Leiche abgelegt ist“, sagte Lisa, nachdem sie die Fotos aus der Baugrube gesichtet hatte, „als wollte der Täter mit der aufwendigen Bestattung wiedergutmachen, was er angerichtet hatte.“
„Und gleichzeitig“, so ergänzte nun Martin Janssen, „sollte der Tote nie gefunden werden. Denn die Leiche wurde in einem tiefen Moorgraben abgelegt und zusätzlich mit fünf Findlingen der Länge nach bedeckt.“ - Schweigen.
„Zusätzlich haben wir noch das gefundene Projektil aus dem Körper des Toten. Die Kugel passt zu einer Walther PP, einer damals weitverbreiteten Militär-Pistole“, sagte die

Kommissarin, und tippte dabei mit dem Zeigefinger auf das vor ihr liegende Protokoll der Gerichtsmedizin."
„Wer ist dieser Tote?
Ein Deserteur, der gegen Ende des Zweiten Weltkriegs erschossen wurde, oder ein Plünderer aus der Nachkriegszeit?"
Kommissarin Wegemann ließ Martins Spekulationen auf sich wirken.
„Lisa", fuhr Martin fort, „ich muss mich in den nächsten Tagen hier in der Gemeinde ein wenig umhören. Ich werde einigen Senioren einen Besuch abstatten. Menschen, die in der Nazi- und Nachkriegszeit hier in der Gemeinde gelebt haben. Vielleicht ist einer der älteren Mitbürger dabei, der damals irgendetwas gehört oder gesehen hat."
„Eine sehr gute Idee", erwiderte die Kommissarin. „Du bist hier sehr bekannt und angesehen und man vertraut dir!"
Mit einem zufriedenen Gefühl, die Ermittlungen in die richtige Spur gebracht zu haben, verabschiedete sich Lisa Wegemann und trat ihre Heimfahrt an.

Gespannt betrat sie am nächsten Morgen das Hauptgebäude am Friedhofsweg in Oldenburg. „Was hat eure Recherche bislang ergeben", fragte die Kommissarin ihre beiden Mitarbeiter.
„Einige schriftliche Suchanfragen werden noch bearbeitet. Das kann noch einige Tage dauern. Die Online-Recherchen in acht Behörden-Datenbanken haben schon einige Treffer ergeben. Wir hatten anfänglich für den Zeitraum 1944 bis 1954 zehn vermisste Personen, die unseren Kriterien entsprachen", erklärte Sven, der jüngste ihrer Mitarbeiter.
Kommissarin Wegemann war jetzt hellwach.

Jetzt ergriff Jan, ihr zweiter Kollege das Wort. „Diese zehn Personen haben wir dann mit anderen Datenbanken abgeglichen, bis nur noch eine einzige Person übrig blieb, die bis heute als vermisst gilt."
Wisst ihr denn, was mit den anderen neun Menschen geschehen ist"?, wollte die Kommissarin von ihren Mitarbeitern wissen.

„Vier Personen sind mittlerweile verstorben und liegen ordentlich bestattet auf Friedhöfen in Niedersachsen und dem Saarland. Zwei Männer leben noch heute in den USA. Drei Vermisste liegen auf Soldatenfriedhöfen in Belgien und Russland.
Unser gesuchter Mann heißt Wilhelm Siemer, zuletzt wohnhaft in Tungeln. Sein Schicksal ist bis heute ungeklärt“, fasste Sven abschließend die Ergebnisse zusammen.
„Prima Arbeit, Kollegen“, sagte die Kommissarin und blickte die jungen Polizisten dabei direkt an, sodass deren Gesichtsfarbe etwas kräftiger wurde.

„Martin, hier spricht Lisa. Kannst du mir einen ungewöhnlichen Gefallen tun?“ Nachdem die Kommissarin Martin Janssen telefonisch über die neuen Ergebnisse der Recherche informiert hatte, fuhr sie mit gedämpfter Stimme fort: „Unsere Moorleiche heißt Wilhelm Siemer. Ich habe erfahren, dass ein Bruder des Toten noch in Tungeln lebt. Wir brauchen unbedingt DNA-Material von diesem Bruder, um es dann mit der DNA unserer Moorleiche zu vergleichen. Kannst du das diskret erledigen?“
„Ja, ich weiß auch schon wie. Ich hatte Josef Siemer, - so heißt der Bruder unserer Moorleiche,- ohnehin auf meiner Besuchsliste stehen“, erwiderte Martin Janssen.

„Ist unsere Moorleiche tatsächlich Wilhelm Siemer? Ja, das könnte passen!“
Der alte Hauptkommissar erinnerte sich an eine Geschichte, die sein Vater vor langer Zeit mal erzählt hatte. Der damals junge Wilhelm Siemer hatte 1944 als Soldat der Wehrmacht einen kurzen Fronturlaub erhalten. Nach nur einer Woche bekam er einen erneuten Einberufungsbefehl für die Ostfront. Doch Wilhelm war plötzlich spurlos verschwunden. Feldjäger und Polizei suchten ihn vergeblich. Einige Leute munkelten damals, dass Wilhelm erfolgreich desertiert sei. Andere glaubten zu wissen, dass der junge Soldat sich das Leben genommen hatte.
Zwei Tage später übergab Martin Janssen der Kommissarin aus Oldenburg ein kleines Glasröhrchen, das einige Haare von einem Kamm, aus dem Badezimmer von Josef Siemer

enthielt. Das sollte für einen sogenannten „Bruder-DNA-Test" reichen.

Martin schaute auf seine Liste. Sie enthielt mehrere Namen und Anschriften älterer Mitbürgern mit denen er noch sprechen wollte. Von ihnen erhoffte er sich Informationen aus einer Zeit die verdrängt, vergessen und ausgelöscht schien.
Martin wollte heute Werner Tillken auf seinem ehemaligen Bauernhof in Astrup einen Besuch abstatten. Der alte Tillken kannte fast jede Familie im Umkreis von zwanzig Kilometern. Mit seinen 92 Jahren hatte er Menschen über Generationen hinweg leben und auch sterben sehen. Von Anfang der 50er Jahre bis Mitte der 60er lenkte er als beliebter Bürgermeister die Geschicke der Gemeinde Wardenburg.
Es wurde ein langes und sehr aufschlussreiches Gespräch.
Martin dachte später auf der Rückfahrt nach Wardenburg darüber nach, dass der liebe Gott nicht alle Menschen gleich gerecht behandelte.
Einige waren schon mit sechzig Jahren gebrechlich oder litten an Alzheimer. Andere, so wie der betagte Bürgermeister konnten noch ohne Stock gehen und waren geistig ebenso fit wie ein junger Lehrer.

Drei Tage später saßen Kommissarin Wegemann und Martin im Wohnzimmer seines Hauses wieder zusammen.
„Martin, ich habe vorhin das Ergebnis des DNA-Tests erhalten. „Leider", ... und sie machte dabei eine kurze Sprechpause, „ist das Ergebnis negativ.
Unsere Moorleiche ist nicht der vermisste Wilhelm Siemer."
Insgeheim war Martin erleichtert, dass er vor einigen Tagen gegenüber Josef Siemer keinerlei Informationen oder Andeutungen über die gefundene Moorleiche geäußert hatte.
„Meine beiden Kollegen haben mit ihren umfangreichen Recherchen bis jetzt keine weiteren Vermisstenfälle zu Tage gefördert. Im Moment, so scheint es, treten wir auf der Stelle", sagte Lisa Wegemann in einem leicht resignativen Ton.
„Nicht ganz, Lisa. - Ich glaube eine wichtige Spur entdeckt zu haben", äußerte sich Martin. „Vor einigen Tagen habe ich unseren alten Bürgermeister besucht. Ich habe ihn auch über die Kriegs- und Nachkriegszeit, hier in der Gemeinde befragt.

Und wie du bereits weißt, habe ich bei wichtigen Gesprächen mein Diktiergerät immer heimlich eingeschaltet“, sagte Martin, mit einem leichten Augenzwinkern.
„Lisa, hör dir diese Passage des Interviews bitte genau an“, sprach Martin weiter und drückte dabei auf den Wiedergabe-Knopf eines kleinen silberfarbenen Gerätes, das vor ihnen auf dem Tisch lag.

„... die meisten kamen ja fast alle aus d*em großen Lager in Sandbostel bei Bremen bei uns an. Einige wurden auch aus Oldenburg zu uns geschickt. Wir hatten gehört, dass es damals auf dem Rennplatzgelände in Ohmstede ein riesiges Durchgangslager für Kriegsgefangene aus dem Osten gab. Ja, das waren* schlimme Zeiten. ... Die meisten haben hier *überall auf den Bauernhöfen arbeiten müssen. Die richtigen Bauern waren ja nicht mehr da, die wurden damals als* Soldaten für die Wehrmacht eingezogen. ... Ja, die *Fremdarbeiter mussten dann alle Arbeiten machen, melken,* füttern, ernten ...“

Martin stoppte die Aufnahme.
„Fremdarbeiter, welch ein verharmlosender Begriff. Kristallnacht, Rassenhygiene ... Die Unmenschlichkeit einer Gesellschaft schlägt sich auch in einem verharmlosenden Sprachgebrauch nieder“, mit diesen Worten brachte die Kommissarin lautstark ihre Empörung zum Ausdruck.
Eine Weile herrschte betretenes Schweigen im Wohnzimmer.
„Zwangsarbeiter, Kriegsgefangene.“ Martin sprach diese Worte betont langsam aus. „Lisa, hast du bemerkt, welchen Personenkreis uns Werner Tillken hier beschrieben hat?“

„Verdammt noch mal, wie konnten wir das bei unseren Recherchen übersehen“, schimpfte Lisa Wegemann.

Den gleichen Satz wiederholte sie am nächsten Morgen, zu Beginn der Lagebesprechung gegenüber ihren Mitarbeitern. Jan und Sven schauten beide konsterniert auf den gefliesten Boden des Besprechungsraumes.
Kommissarin Lisa Wegemann tröstete sich mit dem Gedanken, dass auch ein so erfahrener Polizist wie

Hauptkommissar Martin Janssen nicht auf die Idee gekommen war, dass es sich bei der Moorleiche vielleicht um einen ehemaligen Zwangsarbeiter handeln könne.
Bereits einige Tage später zeichnete sich ein kleiner Fortschritt in den schwierigen Ermittlungen ab. Auf mehreren DIN-A4-Seiten hatten ihre Mitarbeiter Jan und Sven neue Recherche-Ergebnisse dokumentiert, die sie aus unterschiedlichen Quellen zusammengestellt hatten: Bundesmilitärarchiv, DRK, Verein zur Klärung von Schicksalen Vermisster, kirchliche Suchdienste, Staats-, und Landesarchive, Deutsche Dienststelle, ...

Lisa überflog den gegliederten Text, den sie in Händen hielt. Sie war auf Seite vier angelangt, als sie auf Informationen stieß, die sie noch nicht kannte:
... Von den Unterlagen, die nach Kriegsende zusammengestellt worden sind, haben die Materialien, die im Rahmen der internationalen Suchaktion nach vermissten Ausländern entstanden sind, einen sehr hohen Informationswert.
Die Suchaktion wurde 1946 auf Befehl des Alliierten Kontrollrats in allen Besatzungszonen begonnen. Auf Anweisung der Besatzungsmächte erstellten die deutschen Behörden Namenslisten der in NS-Deutschland lebenden ausländischen Zivilpersonen.
Diese Listen bildeten für die Suchstelle der Westalliierten, die 1947 in International Tracing Service (ITS) umbenannt wurde, die Grundlage, vermisste Personen ausfindig zu machen. Darüber hinaus wurden weitere Dokumente gesammelt, die den „Ausländereinsatz“ betrafen - *Aufzeichnungen zu den verschiedenen Lagertypen in einem Ort, Anzahl der Lager, Akten der Gesundheitsämter, Krankenhäuser, Justiz etc.*
Die Suchaktion war sehr intensiv und umfangreich und wurde von der britischen Militärregierung kontrolliert.
In allen Gemeinden sollten vier Listen erstellt werden, die alle nach Nationalitäten zu trennen waren:
1. Die "Nominal rolls and lists" registrierten alle Personen aus Staaten der Vereinten Nationen, die während der Kriegsjahre in das Gebiet der späteren britischen Zone gekommen waren,

1946 außerhalb von Gefangenen- oder DP-Lagern lebten oder verstorben waren.
2. In Namenslisten hatten Unternehmen, staatliche Einrichtungen und Landwirte ausländische Arbeitskräfte sowie noch vorhandene persönliche Dokumente zu erfassen.
3. Gräberlisten.
4. Listen über das Eigentum der genannten Personen.
Die gesammelten Unterlagen sind bis heute vermutlich vollständig im ITS-Archiv in Arolsen erhalten.

Kommissarin Wegemann schlug die letzten Seiten des Berichts auf. Unter der Überschrift: „Zwangsarbeit im Gau Weser-Ems“ las sie Folgendes:
... Die zentrale Behörde war das Reichssicherheitshauptamt, *das Ende September 1939 gebildet worden war und dem die Gestapo und Kriminalpolizei sowie das Reichsarbeitsamt untergeordnet waren. Denn letztere Behörde spielte bei der Organisation des Arbeitseinsatzes, der Anwerbung und Verteilung der Zwangsarbeitskräfte eine entscheidende Rolle.*
... Die Gestapo *war die wichtigste Disziplinierungs- und Verfolgungsinstanz für ausländische Arbeitskräfte. Nach dem dritten Gesetz über die Gestapo vom 10.2.1936 waren die Kreis- und Ortspolizeibehörden zu Hilfsorganen der Staatspolizei ernannt worden. Gendarmen und Schutzpolizisten sollten so auf Anordnung der Gestapo Personen festnehmen.*

„1944 wurden im Arbeitsamtsbezirk Oldenburg 2951 männliche und 2509 weibliche Zwangsarbeiter gelistet. Davon entfielen 98 Personen auf die Gemeinde Wardenburg“, so schrieben Jan und Sven in ihrem Bericht, und kommen, bezogen auf den aktuellen Vermissten-Fall, zu folgenden Ergebnissen:
„Von diesen 98 Personen waren 59 männlichen Geschlechts. Nur 14 von diesen Männern waren damals, im Tatzeitraum zwischen 20 und 25 Jahre alt.
Nach dem wir alle relevanten Datenbanken, Akten und Unterlagen durchgesehen hatten, blieben zuletzt zwei ungeklärte Vermisstenfälle übrig.

Ein polnischer Zwangsarbeiter namens Julius Dybrinski und ein französischer mit Namen Pierre Lemarque.

Kommissarin Wegemann war von dem Fleiß und der Präzision ihrer beiden Mitarbeiter tief beeindruckt. Wenn die beiden so weiter machen würden, könnten sie die polizeiliche Karriereleiter rasch hinaufklettern. Bei diesem Gedanken musste sie plötzlich schmunzeln, denn sie wusste aus Erfahrung, dass es in höheren Dienstgraden ab und zu auch „Nieten in Uniform“ gab.

Nun galt es, Martin Janssen über diesen neuen Stand der Untersuchungen zu informieren. Nach einem längeren Telefongespräch wusste auch der alte Hauptkommissar aus Tungeln Bescheid. Jetzt konnte er in seinen Gesprächen mit älteren Mitbürgern gezielt nach den beiden vermissten Zwangsarbeitern fragen. Vielleicht konnte sich ja einer oder eine der betagten Einwohner der Gemeinde Wardenburg an einen jungen französischen oder polnischen Mann erinnern, der in den letzten Kriegsjahren hier in Wardenburg und Umgebung gearbeitet hatte.
Der alte Bürgermeister Tillken hatte die Zwangsarbeiter bereits in seinem ersten Gespräch erwähnt. Vielleicht wusste der rüstige Senior ja noch mehr.

Werner Tillken wunderte sich über den erneuten Besuch von Martin Janssen.
„Werner, ich brauche noch ein paar Informationen über die Kriegszeit in der Gemeinde. Ich schreibe schon seit einiger Zeit an einer neuen Gemeinde-Chronik und will dazu noch ein paar Zeitzeugen befragen“, log Martin.
Meine bisher beste Quelle, - wenn es um Informationen aus der Gemeinde ging, die über 50 Jahre zurücklagen, dachte Martin, als er nach einem zweistündigen Gespräch mit dem alten Bürgermeister wieder im Auto saß.
Der alte Tillken hatte ihn vorhin den Tipp gegeben, mit dem ehemaligen Besitzer vom „Gasthof Meyer“ in Wardenburg zu sprechen. Der wusste bestimmt sehr viel aus der alten Zeit zu berichten, vermutete Werner Tillken.
Martin plante, dem alten Gastwirt Friedrich Meyer gleich

morgen einen Besuch abzustatten.
Friedrich, oder „Fidi“ wie er von allen genannt wurde, lebte seit zwei Jahren in einem modernen Altenheim in Oberlethe. Noch bis vor einigen Jahren stand er hinter dem Zapfhahn seiner Wardenburger Gaststätte. Ein leichter Schlaganfall zwang den 89-Jährigen dann endgültig zum Rückzug aufs Altenteil.

Wenige Tage später trafen sich Kommissarin Wegemann und Martin Janssen, um sich erneut gegenseitig auf den neusten Stand ihrer Ermittlungen zu bringen. Sie saßen zum Gespräch auf Martins Terrasse, denn es war ein milder Spätsommertag.
„Lisa“, sagte Martin, und griff wieder routiniert zu seinem Diktiergerät, „hör dir mal an was der alte Gastwirt Fidi Meyer mir gestern zu erzählen hatte.“

Eine leicht zittrige, dunkle Männerstimme erklang aus Martins kleinem Gerät.
„... Den großen, dünnen Polen hab ich öfter mal hier im Ort *gesehen. Der war die ersten beiden Kriegsjahre bei Bauer Wichmann in Benthullen. Danach musste er auf dem Möller-Hof in Littel arbeiten. Einige, die ihn näher kannten, sagten damals, dass der Pole immer so traurig wirkte, weil er so viel* Heimweh hatte ....Das muss wohl so gewesen sein, denn im Herbst 43 hat er sich in einer alten Feldscheune erhängt. ... *Ja, den Polen haben die damals in ein unbekanntes Grab auf dem alten Friedhof gelegt. Da kamen damals die toten Kriegsgefangenen rein. Viele von denen sind erst gegen Ende* des Kriegs umgekommen. ....Anfang 45 haben die Engländer *doch die großen Kasernenanlagen in Kreyenbrück und Bümmerstede bombardiert. Danach schossen die kanadischen Truppen mit ihrer schweren Artillerie. Und die Wehrmacht hat auch noch gekämpft, und viele Brücken über den Küstenkanal gesprengt. Schlimm, schlimm. Das waren* schon fürchterliche Zeiten damals! ...“

An dieser Stelle des Interviews stoppte Martin das Band.
Lisa verstand die Aussagen des alten Gastwirts sofort. „Martin, wir können den polnischen Zwangsarbeiter von unserer Liste der möglichen Mord-Opfer streichen“, sagte die Kommissarin in einem nachdenklichen Ton.

Martin nickte stumm und drückte die Pausentaste des Geräts erneut.
„… Über den Franzosen weiß ich mehr. Das war ein großer, *kräftiger Kerl. Er tauchte 1942 bei uns auf. Er ist bei der Westoffensive der Wehrmacht im Frühjahr 1940 in deutsche Gefangenschaft gekommen und ist dann ins große Lager bei Sandbostel gebracht worden, - so haben einige Leute es mir damals erzählt.*
Seinen Namen hab ich mir sofort gemerkt, denn er hieß genauso wie unsere Pferde. Die hießen „Peer", auf *Plattdeutsch. Das fand ich komisch!*
Der Franzose war das erste Jahr in Westerholt bei Martens und dann bis Kriegsende in Höven bei Bauer Tappen. Peer konnte tüchtig arbeiten aber er hatte auch eine freche Seite. Der ließ sich nicht alles gefallen! …
Die Leute im Ort munkelten sogar, das er sich mit Anni, der Tochter von Bauer Tappen gut, -zu gut- verstand. Das waren andere Zeiten als heute!
Eine Liebelei zwischen einem Kriegsgefangenen und einer Einheimischen, das war damals verdammt gefährlich! Der Franzose wurde deshalb auch ein paar Mal von der Polizei verhört und abgemahnt.
Ich glaube aber, dass Otto Reil, unser Dorfpolizist damals, wohl selbst ein Auge auf die hübsche Anni aus Höven geworfen hatte. Als der Krieg dann vorbei war, war der Franzose auch weg. Naja, alles alte Geschichten.
Übrigens, Anni ist schon lange tot. Und Otto, unseren Polizisten, kannst dazu auch nicht mehr befragen. Der ist vor zwei Jahren gestorben."

„Sehr aufschlussreich. Wenn wir so weitermachen, haben wir eine komplette Dorfchronik zusammen", versuchte Lisa Wegemann scherzend die angespannte Stille, die nach dem Ausführungen von Fidi Meyer entstanden war, aufzulösen."
„Lisa", sprach Martin nun in ernstem Ton weiter, „mein Gefühl sagt mir, dass mein Schwiegersohn Wilfried im Sommer den Leichnam des ehemaligen Zwangsarbeiters Pierre Lemarque gefunden hat."
„Du weißt aber, Martin, dass wir schon zwei falsche Spuren hatten. Wilhelm Siemer und Julius Dybrinski können wir jetzt

definitiv ausschließen. Einer ist immer noch verschollen und der Andere liegt in einem alten Grab auf dem Wardenburger Friedhof“, fasste Lisa die Ergebnisse zusammen.

Zurück an ihrem Arbeitsplatz in Oldenburg, rief Lisa Wegemann ihre beiden Mitarbeiter zu einer erneuten ausführlichen Lagebesprechung zusammen.
Der nächste Schritt zur Lösung des Falles war ein Amtshilfe-Ersuchen an die französische „Police National" mit Sitz in Paris.
Welche Informationen besaßen die französischen Behörden über ihren Mitbürger Pierre Lemarque? Letzter, uns bekannter Aufenthaltsort: Gemeinde Wardenburg, Deutschland, im Zeitraum Juni 1942 bis Mai 1945.

Hatten sie bei ihren Ermittlungen irgendetwas übersehen? Wie glaubwürdig waren die Aussagen der Zeitzeugen? Wussten sie vielleicht mehr, als sie preiszugeben bereit waren - um sich und andere zu schützen?
Lisa hatte wieder einmal das Gefühl, dass hinter jeder Antwort zwei neue Fragen auftauchten. Zum ersten Mal nach langer Zeit stellte sich bei Lisa ein Gefühl der Resignation ein.
Noch vor Lisas Dienstbeginn klingelte ihr Privat-Handy.
„Martin, schon so früh auf den Beinen. So wie ich dich kenne, scheint es sehr wichtig zu sein.“
„Lisa, ich denke, ich habe gestern Abend etwas Interessantes entdeckt. Ich habe mir noch mal alle aufgenommenen Gespräche genau angehört, und habe festgestellt, dass Werner Tillken uns etwas Wichtiges verschweigt. Ich muss noch einmal zu ...“
Der letzte Satz blieb unvollendet. Entgeistert blickte Lisa auf ihr Handy. - Akku leer.

Was hatte Martin herausgefunden?
Erst am Abend, als sie Martin auf der Terrasse seines Gartens gegenüber saß, wurde ihre Neugier gestillt.
„Lisa, der alte Tillken wusste über unseren Franzosen viel mehr, als er anfänglich bereit war zu zugeben. Denn sein Bruder Hermann Tillken und der damalige Dorfpolizist Otto Reil waren beste Freunde. Hermann war damals auf dem

großen Schießstand in Wardenburg stationiert. Er galt damals als „strammer Nazi“ mit guten Verbindungen zur Oldenburger Gestapo-Einheit. Als Anfang Februar 1945 ein deutscher Soldat unter dem Vorwurf des Desertierens auf dem Schießstand-Gelände hingerichtet worden ist, munkelten einige im Ort, das Hermann ihn verraten habe.“
„Könnte Hermann Tillken unser Täter sein?“ Lisas Frage hing bleischwer im Raum.
„Er kommt in Frage“, erwiderte Martin. „Vielleicht wollte unser Franzose gegen Kriegsende fliehen und wurde dann „auf der Flucht erschossen“ wie es damals lapidar hieß. Wir können diese Tat aber nicht mehr beweisen, denn Hermann starb am 29. April1945 im Gefecht mit vorrückenden kanadischen Kampftruppen“ sagte Martin mit gedämpfter Stimme.

Gleich am nächsten Morgen wollte Lisa in ihrem Büro diese neuen Informationen mit ihren Kollegen besprechen. Doch einer ihrer Mitarbeiter fehlte.
„Wir haben gestern umfangreiche Post von unseren französischen Kollegen bekommen“, rief Jan, als er verspätet zur morgendlichen Dienstbesprechung in Lisas Büro stürmte. Diverse Kopien von Dokumenten und Briefen sowie einige Fotos wurden auf dem Tisch der Kommissarin ausgebreitet.
Neugierig untersuchte Lisa jedes Schriftstück und Foto.

„Dass unsere sogenannte Moorleiche Pierre Lemarque heißt, wissen wir nun mit großer Sicherheit“, sagte Jan. „Er wurde in Rodemack, einem kleinen Dorf zwischen Metz und Luxemburg, am 14.06.1922 geboren. Die einzige Schwester Edith lebt noch im Elternhaus in der rue de la forge. Der einzige Bruder Jean ist vor acht Jahren in Paris verstorben. Pierre, unser Opfer, geriet bei der Westoffensive der Wehrmacht im Frühjahr 1940 in deutsche Gefangenschaft. Danach verliert sich die Spur der französischen Behörden“.

„Wir aber wissen nun, dass er 1941 im Lager Sandbostel war und ab Oktober 1942 als Zwangsarbeiter in Wardenburg amtlich registriert wurde. Soweit die Fakten.
Neu ist ein kurzer Brief von Pierre, der Anfang 1945 seine Eltern in Rodemack erreichte. Die französischen Behörden

haben uns eine Kopie zukommen lassen", schloss Jan seine Zusammenfassung ab.
„Was schreibt er in diesem Brief", unterbrach Lisa aufgeregt Jans Ausführungen.
„Ich zitiere", fährt Jan fort:
„...habe gehört Krieg ist bald zu Ende. Bin noch gesund, habe *Frau kennengelernt, ... Frau kommt mit nach Frankreich wenn* Krieg vorüber, ...viele Umarmungen von Pierre L."

„Der Zwangsarbeiter Pierre und die schöne Anni aus Höven in einer tragischen Liebesgeschichte in den Wirren des letzten Krieges", schoss es Lisa durch den Kopf.
Jetzt galt es rasch, Martin Janssen über die neue Sachlage zu informieren. Kaum zwanzig Minuten später hatte auch der alte Kommissar telefonisch die neusten Informationen von Lisa erhalten.
Martin Janssen dachte sofort an die Aussagen des alten Gastwirts zurück. Schnell griff er sich das kleine Diktiergerät und hatte bald darauf die Stelle des Interviews gefunden, die er gesucht hatte:
„... Die Leute im Ort munkelten, das er sich mit Anni, der Tochter von Bauer Tappen gut, -zu gut- verstand. Das waren andere Zeiten als heute! Eine Liebelei zwischen einem Kriegsgefangenen und einer Einheimischen, das war damals verdammt gefährlich!

Ja, alles deutete jetzt daraufhin, dass Hermann Tillken der gesuchte Täter war. Hermann, der eifrige Nazi, hatte herausgefunden, dass der französische Zwangsarbeiter eine Liaison mit Anni der Einheimischen hatte. Etwas, was in seinem politischen Weltbild nicht sein durfte! Hermann erschoss den Franzosen und ließ die Leiche im Moor verschwinden. So wird es gewesen sein!
Martins Theorie über den Ablauf der Tat würde auch Lisa, der leitenden Kommissarin, einleuchten. Sie konnten den Mordfall nun endgültig abschließen.

Martin schaute auf seine Uhr. - Verdammt, fast hatte er vergessen, dass er heute bei seiner Tochter zum Grillabend eingeladen war. Rasch machte er sich frisch und zog sich um.

Wilfried, sein Schwiegersohn, begrüßte ihn herzlich, als er eine halbe Stunde später durchs Gartentor trat.
„Dich sieht man ja in letzter Zeit recht selten. Bist du mit deiner Dorfchronik gut vorangekommen“, neckte Wilfried seinen Schwiegervater.
„Ja, aber im Moment ist es doch sehr mühsam. Denn je weiter man in der Zeit zurückgeht, desto lückenhafter werden die Erinnerungen der Zeugen“, antwortete Martin.

Einige Grillstücke und Biere später, saß Martin in geselliger Runde mit einigen Nachbarn und Bekannten noch immer im Garten seines Schwiegersohns.
„Martin, erzähl uns doch bitte mehr von dieser Moorleiche, die wir vor zwei Monaten entdeckt haben. Was hat die Polizei bisher herausgefunden“, wollte Wilfried wissen.
„Die Zeitungen schreiben nix mehr darüber, du weißt bestimmt mehr, los erzähl schon“, forderte ein anderer Gast in der Runde. Vielköpfiges Nicken am Tisch war die Folge.
Naja, dachte sich der alte Kommissar, der Fall war ohnehin fast abgeschlossen, warum sollten die Männer die Geschichte nicht vorab erzählt bekommen. In wenigen Tagen würde die tragische Geschichte der Moorleiche ohnehin in der Zeitung zu lesen sein.
Es herrschte plötzlich eine gespannte Ruhe in der Runde, als Martin nach und nach die gesamte Vorgeschichte der Moorleiche erzählte. Als er endete, stürzte eine wahre Flut von Fragen auf Martin ein. Wann? ..Warum?.. Wer?
Als erfahrener Ex-Polizist vermied er es aber, bei seinen Antworten den Namen des Opfers und des Tatverdächtigen zu nennen.
An diesem Abend kam der alte Kommissar sehr spät ins Bett.

Es war später Vormittag, als Martin am folgenden Tag, noch leicht verkatert, am Frühstückstisch saß. Jetzt musste er sich beeilen, denn sämtliche Fakten des Falles wollte er noch einmal durcharbeiten, bevor gegen Abend Lisa zur gemeinsamen Abschlussbesprechung eintreffen wollte.
Stunden später war Martin so vertieft in seinen Unterlagen, das er die Türklingel fast überhörte. - War Lisa jetzt schon da?

„Hallo, Wilfried, mit dir habe ich jetzt gar nicht gerechnet“, entfuhr es Martin, als er seine Haustür öffnete.
„Martin, das hier scheint ja sehr dringend zu sein, ich sollte es dir persönlich aushändigen“, entgegnete sein Schwiegersohn und übergab Martin ein dickes, verschlossenes Briefkuvert.
„Heute Mittag stand Jens Reil, der Sohn von unserem ehemaligen Dorfpolizisten, vor meiner Haustür und gab mir diese Päckchen mit der dringenden Bitte, es sofort an dich weiterzuleiten“, fuhr Wilfried mit seiner Erklärung fort.
„Das ist ja ganz seltsam“, sagte Martin zu Wilfried, „Jens war doch gestern Abend auch bei eurem Grillfest dabei und hätte es mir dort selbst aushändigen können.

„Martin, ich muss jetzt schnell wieder los zu unserer neuen Baustelle in Oberlethe, viel Spaß noch mit deinen geheimnisvollen Unterlagen.“ Mit diesen Worten verabschiedete sich Wilfried von seinem immer noch erstaunt drein blickenden Schwiegervater.

Martin setzte sich auf seine Terrasse und blickte verwundert auf das geheimnisvolle Kuvert in seinen Händen.
„An Hauptkommissar a.D. Martin Janssen – *persönlich* -“ stand in großen Druckbuchstaben auf der Vorderseite. Trotz seiner jahrelangen Routine mit Unterlagen und Dokumenten konnte Martin es nicht verhindern, dass beim Öffnen des Kuverts sein Puls merklich schneller schlug. Vorsichtig zog er ein Bündel handschriftlicher Blätter heraus, entfaltete sie, strich sie glatt und begann zu lesen:

Mein lieber Jens,
du wirst diese Zeilen erst nach meinem Tod lesen, denn ich habe in meinem Testament bestimmt, dass dieser Brief beim Notar zu meinem Nachlass hinzugefügt wurde.

Wir schreiben das Jahr 1940.
Seit kurzer Zeit habe ich in Wardenburg als frisch ausgebildeter Polizist meinen Dienst aufgenommen. Dass alles so schnell und reibungslos ablief, habe ich sicherlich auch meinem Freund Hermann Tillken mit seinen guten Beziehungen zur Kreispolizei und Gestapo zu verdanken.

Andere Kollegen von mir hatten damals weniger Glück und wurden in die neu eroberten Ostgebiete oder direkt an die Front geschickt. Hier im heimatlichen Wardenburg fühlte ich mich sicher und wohl.
Im ersten Jahr war meine Arbeit sehr übersichtlich. Kleinere Diebstähle und Unfälle wollten aufgeklärt werden. Doch dann, - je länger der Krieg dauerte - kamen immer mehr Fremdarbeiter in die Gemeinde. Sie wurden uns zugewiesen, als Arbeits-Ersatz für die vielen jungen Bauern und Handwerker, die vermehrt zur Wehrmacht eingezogen wurden. Mein Dienst in der Gemeinde wurde unübersichtlicher und schwieriger.
Streitereien, vermehrte Diebstähle, Schlägereien, Selbstmorde und die Suche nach verschwundenen Fremdarbeitern ließen meine Arbeitstage länger werden.

Im März 1944 fuhr ich zu Bauer Tappen nach Höfen. Der alte Bauer hatte einen Fremdarbeiter aus Frankreich zugeteilt bekommen, da sein Sohn an die Front geschickt wurde. Dieser Fremdarbeiter soll mehrfach seine Tochter Anni belästigt haben, so die Anklage vom alten Tappen. Ich befragte daraufhin Anni, als auch den Franzosen Pierre zu den Vorwürfen. Beide wiesen die Vorwürfe energisch zurück. Dennoch belehrte ich den Franzosen, dass er als Kriegsgefangener galt und er sofort verhaftet werden könne, falls er eine Beziehung zu einer deutschen Frau aufnehme.
Nach diesem Besuch ging mir Anni nicht mehr aus dem Kopf!
Ich hatte diese hübsche junge Frau nur wenige Minuten befragt und war sofort von ihrer Ausstrahlung gefangen genommen. Ich wollte sie gern wiedersehen, und so fuhr ich zweimal die Woche zu Bauer Tappen um mich - vordergründig zum Vorwurf der Belästigung - mit Anni zu unterhalten. Einmal lud ich sie sogar zum Sommerball ein. Sie aber lehnte dankend ab, mit der Begründung, dass auf dem Hof noch sehr viel Arbeit zu tun sei.
Bald darauf erzählte ich meinem Freund Hermann, der damals Wachoffizier auf der Wardenburger Schießanlage war, von den Belästigungsvorwürfen gegen den französischen Fremdarbeiter sowie meiner Schwärmerei für Anni.

Zwei Tage später wurde der Franzose von der Gestapo zum Verhör abgeholt.
Am folgenden Tag fuhr ich noch mal zum Tappen-Hof. Pierre war wieder da und ging mit schwerem Schritt seiner Hof-Arbeit nach. Als er an mir vorbei lief, bemerkte ich eine Platzwunde an der Stirn und mehrere rote Striemen auf seinen Oberarmen. Eine erste Warnung der Gestapo an den Franzosen, sich an die gültigen Reichsgesetze zu halten! Hier hatte sicherlich Hermann seine Beziehungen genutzt!
Nach diesem Vorfall wurde Anni immer wortkarger zu mir, und meine Besuche auf dem Tappen-Hof wurden bald immer seltener. Ich ahnte, dass Anni und Pierre sich näher standen, als es das Gesetz duldete.
Ich tröstete mich aber mit dem Gedanken, dass der Krieg bald zu Ende gehen würde und ich so eine neue reelle Chance bei Anni bekäme.
Mein Dienst wurde immer schwieriger und verzweifelter im laufenden Jahr 1944, als vermehrt Vertriebene, Kriegsflüchtlinge und verwundete Soldaten in meinen Gemeindebezirk kamen. Das Chaos erhöhte sich dann Anfang 1945 beim Näherrücken der Westalliierten und dem abzusehenden Zusammenbruch des Dritten Reiches.
Dann kam der Tag, den ich - bis zu meinem Tod - hätte rückgängig machen wollen, so ich denn die Macht dazu hätte!
Es war der 21.April 1945, ein warmer Frühlingsabend. Ich fuhr mit dem Motorrad eine Streife durch meine Gemeinde als ich in der Dämmerung an einer alten abgelegenen Scheune in Astrup vorbeifuhr. An der Rückseite der Scheune bemerkte ich zwei angelehnte Fahrräder. Das Motorrad stellte ich ab, schlich mich langsam zur Scheune und vernahm bald leise Stimmen aus dem Innern.
„... warte noch ein wenig, bald ist der Krieg zu Ende und du bist frei“, sprach eine helle Frauenstimme.
„Nein, nein ... ich noch heute Nacht laufen fort, ...laufen bis Alhorn. Dort schon viele gute Soldaten aus Kanada. Ich dann schon morgen freier Mann! ... Dann ich kommen zurück und holen dich ab meine geliebte Anni. ...Wir beide dann endlich frei ...und haben große Zukunft.“

Pierre und Anni waren ein Liebespaar, daran gab es nun keine Zweifel mehr. Mein Herz verkrampfte sich. Eine zweite Chance mit Anni konnte es nicht geben.
Was aber noch schlimmer war, dass Pierre als Kriegsgefangener und Fremdarbeiter fliehen wollte. Das musste ich als Polizist und Vertreter des Gesetzes unbedingt verhindern.
Aber wie? Sollte ich in die Scheune stürzen und ihn sofort Handschellen anlegen? Noch war er ja nicht geflohen.
Ich beschloss, ihn noch in dieser Nacht auf seiner Flucht abzufangen. Den Tappen-Hof im Blickfeld legte ich mich eine Stunde später auf die Lauer.
Kurz vor Mitternacht sah ich im Feldstecher eine leicht gebeugte Gestalt, die in Richtung Westerburg ging. In sicherem Abstand nahm ich die Verfolgung auf. Kurz vor Westerburg verließ er den Feldweg und bog dann ab nach Westen, in Richtung Schmeel. Mit raschen Schritten lief er auf das beginnende Hochmoor zu.
Jetzt musste ich ihn aufhalten, denn im Moor konnte er mir leicht entwischen. Er war bereits am Rand des Moores angekommen, als ich mich bemerkbar machte:
„Pierre, bleib sofort stehen“, rief ich der schemenhaften *Gestalt zu. Erschrocken und ungläubig drehte sich der Fremdarbeiter um.*
„Warum du mir folgen? Ich bald freier Mann und du dann *Gefangener von Soldaten aus Kanada und England. Besser, du dich bald verstecken!*
Diese Antwort von Pierre ließ mich einen kurzen Moment erstarren. Sollte er mit seiner Meinung richtig liegen? Was war in diesen Zeiten richtig und was falsch?
Furchtlos setzte Pierre seine Flucht fort. Das Moor begann.
„Stehen bleiben oder ich schieße!“ Ich schrie diese Worte *förmlich heraus.*
Noch einmal stoppte der Franzose seine Schritte.
„Ich werde dich jetzt festnehmen. Noch haben wir Krieg, und *du weißt, dass du nicht fliehen darfst. Sei vernünftig, ergebe* dich und folge mir“, mit diesen energischen Worten, glaubte *ich Pierre erreichen zu können.*
„Nein, ich immer laufen weiter und weiter. Morgen früh ich *geschafft. Ich freie Mann sein. Ich bald komme wieder und*

holen Anni, wir zusammen dann leben in Heimat mit Maman, Papa, meine Bruder Jean und mein Schwester Edith."

Pierre drehte sich um und lief stoisch weiter.

Pierre war bald frei, Anni würde fortgehen und ich selbst würde meinen Beruf verlieren und käme in Gefangenschaft der Westalliierten.

Diese Gedanken begannen, plötzlich zu kreisen und zu wirbeln. Dazu kamen Wut, Eifersucht, Hilflosigkeit und Verzweiflung, die mein Herz überfluteten.

Im Laufen riss ich meine Pistole aus dem Halfter, entsicherte sie, schoss in den Nachthimmel und schrie ein letztes Mal den Flüchtenden hinterher: „Bleib stehen, verdammt noch mal."

Pierre hielt diesmal nicht an.

In Trance hob ich die Waffe und drückte ab.

Ein lang gezogener Schmerzensschrei hallte durchs Moor und wurde als Echo in meinem Kopf mehrfach verstärkt.

Pierre schrie wieder, versuchte sich aufzurichten, lief dann einige Meter, als der nächste Schuss fiel. Und der nächste und ... bis das wiederholte metallische Klacken des Schlagbolzens mich aus dem Albtraum riss.

Das Magazin meiner Pistole war schon lange leer geschossen!

Ich weiß nicht mehr, wie ich danach zurück nach Wardenburg gekommen bin.

Mein Verstand kehrte langsam nach einigen Schnäpsen, die ich in „Meyers Gasthof" in mich hinein kippte, zurück.

„Mensch Otto, hast du Gespenster gesehen. Du siehst ja furchtbar mitgenommen aus. Was ist passiert?, wollte Hermann Tillken, der mich kräftig an den Schultern schüttelte, wissen. „Hermann, bitte komm mit nach draußen, ich bin am Ende und brauche deine Hilfe", ließ ich meinen Freund mit verzweifelter Stimme wissen.

Kaum eine Stunde später hatten wir die Stelle gefunden, wo der tote Franzose lag.

„Komm, fass mit an. Wir bringen ihn zurück zum alten Hochmoorgraben, hier in der Nähe", befahl Hermann. Zusammen schleppten wir beide noch fünf große Steine heran, um die Leiche, die jetzt in dem alten Entwässerungsgraben lag, zu beschweren. Mit zwei von

Hermann mitgebrachten Spaten schaufelten wir dann große Mengen loser Torfschichten auf den Toten.
„Der wird für ewig dort ruhen! Und du Otto, *brauchst dir keine Vorwürfe zu machen. Du hast nur deine Pflicht als korrekter,* deutscher Polizist erfüllt", sprach Hermann mit feierlicher *Stimme.*
Das Leben ging weiter.
Für meinen Freund Hermann noch eine Woche. Für meine angebetete Anni noch vier Monate.
Hermann starb am 29. April 1945 im Gefecht mit vorrückenden Truppen, der fünften kanadischen Infanterie. Anni wurde am 30.August 1945 erhängt auf dem Dachboden des väterlichen Hofes aufgefunden.
Ich aber durfte leben. Lange leben und leiden.
Der unsinnige und vermeidbare Tod des jungen Pierre wird mich bis zu meinem letzten Atemzug begleiten.
Mögest du, lieber Jens, mir eines Tages verzeihen können.
Dein dich liebender Vater OTTO

Martin legte das letzte Blatt zu Seite, wischte sich über die Augenwinkel und ging mit langsamen Schritten in die Küche. Mit einer Flasche Cognac und zwei Gläschen kam er zurück. Noch einmal schenkte er sich noch nach, da hörte er die Türklingel.

„Martin geht es dir nicht gut? … Kreislauf? … Kummer?, fragte Lisa mit besorgtem Blick auf ihren alten Chef und der angebrochenen Cognacflasche auf dem Tisch.
„Mach dir keine Sorgen, Lisa, lies das hier bitte. Anschließend wirst du auch ein Gläschen Schnaps haben wollen", versuchte Martin zu scherzen.
Martin erklärte der Kommissarin kurz die Herkunft der Briefbögen und verließ dann die Terrasse mit den Worten: „Lisa, lies diesen Brief in Ruhe durch. Ich gehe inzwischen in die Küche und bereite uns ein kleines Abendessen vor."

Hin und wieder warf Martin durch das kleine Küchenfenster einen verstohlenen Blick auf Lisa. Auch sie konnte sich der Dramatik der Schilderungen nicht entziehen. Ihr

Gesichtsausdruck wechselte häufiger zwischen Erstaunen und Fassungslosigkeit.
Hin und wieder wischte sie sich mit dem Handrücken über die Augen.
Als Lisa endete, kam Martin wortlos auf die Terrasse zurück.

„Du hast Recht, Martin. Gieße mir schnell einen Schnaps ein. Und dir bitte auch! Martin, wir haben einen Grund, sehr traurig zu sein“, sprach Lisa mit leicht belegter Stimme.
„Ja! Eine furchtbar tragische Geschichte. Und doch, liebe Lisa, haben wir auch einen Grund zur Freude, denn wir können unseren Fall nun endgültig abschließen“, ergänzte Martin. - „Prost Lisa!“

Gleich am nächsten Morgen unterrichtete Kommissarin Wegemann ihren Vorgesetzten und ihre Mitarbeiter über die neusten Entwicklungen im „Moorleichen“-Fall. Zusammen mit ihren beiden fleißigen Kollegen Jan und Sven waren die folgenden Tage damit ausgefüllt, Protokolle, Abgleiche und Zusammenfassungen zu erstellen, um den Fall endgültig ad acta legen zu können. Darüber hinaus wurden alle relevanten Unterlagen des Falles den zuständigen französischen Kollegen der „Gendarmerie Nationale“ in Rodemack zugestellt.

Zwei Wochen später trat Pierre seine letzte Reise an. Sein Leichnam wurde vom UKE in Hamburg nach Rodemack, seinem Geburtsort überführt.
64 Jahre später war er wieder zu Hause angekommen.

Es war ein nebelgrauer Tag im November, als eine große Menschenmenge sich auf dem kleinen Dorffriedhof in Rodemack versammelt hatte. Lisa schaute auf und sah auf die gebückte alte Frau, die jetzt einen kleinen Blumenstrauß in das offene Grab warf. Regungslos blieb sie danach stehen und lautlos rollten schwere Tränen über ihr Gesicht.
Edith konnte nun endlich von ihrem Bruder Pierre Abschied nehmen. Als Lisa leise zu schluchzen begann, nahm Martin langsam ihre Hand und bald spürte sie den tröstlichen, kräftigen Händedruck des alten Kommissars.

Nachwort

Dies ist eine Kurzgeschichte. Das bedeutet, dass das, was ich geschrieben habe, häufig einen realen Hintergrund hat, aber nicht in allen Teilen eine realistische Wiedergabe tatsächlicher Ereignisse ist. Ich schrieb mit anderen Worten von dem, was hätte geschehen können, nicht von etwas, was notwendigerweise geschehen ist.
Mein besonderer Dank gilt meiner Lebensgefährtin Kirsten Teich, ohne deren Hilfe diese Geschichte wohl nie zu Papier gebracht worden wäre.
Sämtliche Namen der Personen der Geschichte habe ich frei erfunden. Eine Ähnlichkeit mit noch Lebenden oder bereits Verstorbenen wäre rein zufällig.
Viele Ereignisse haben aber nachweislich stattgefunden.
So die Bombardierung der Kasernenanlagen in Kreyenbrück, der Artilleriebeschuss von Bümmerstede, durch von Süden vorstoßende kanadische Truppen und die Sprengung der Brücken über den Küstenkanal durch die deutsche Wehrmacht in den ersten Monaten des Jahres 1945.
Ebenso entspricht es der Wahrheit, dass im Norden Wardenburgs ein riesiger Schießstand existierte. Hier haben vor allem die Oldenburger Wehrmachtssoldaten von 1937 bis 1945 ihre Schießausbildung erhalten. Ein Wachgebäude, eine Kantine, Mannschaftsunterkünfte und Munitionsbunker gehörten ebenso zur Ausstattung. Es ist aktenkundig, dass am 1. Februar 1945 ein deutscher Soldat unter dem Vorwurf des Desertierens auf dem Schießstand-Gelände hingerichtet worden ist.
Das im Text angesprochene Lager Sandbostel wurde am 29. April 1945 von der britischen Armee befreit, nachdem zwischen 1939 und 1945 mehr als eine Million Kriegsgefangene aus 46 Nationen dort inhaftiert waren.
Überliefert wurde auch, dass Julius, ein Zwangsarbeiter aus Polen sich im Herbst 1944 in einer Scheune erhängte. Er liegt heute in einem Grab für polnische Zwangsarbeiter begraben.
Der (fiktive) Heimatort unserer Moorleiche existiert tatsächlich. Rodemack ist ein kleiner französischer Ort im Départment Moselle in der Region Lothringen.

Blut von ihrem Blute

Es war Nacht. Düster verhangen stand der Mond am Himmel und warf kaum ein Licht auf den dunklen Kirchenacker. Ein Mann eilte durch die Dunkelheit – unsicher sein Gang, schwankend seine Schritte. Er kam vom Schützenhaus, der Schießhalle Wardenburgs, vom Training. Bereits seit Jahrzehnten ging er regelmäßig jede Woche zum Schießen. Jede Woche den gleichen Weg. Jede Woche die Abkürzung über den Friedhof, die ihn rascher nach Hause führte.
Er zog sich die Jacke ein wenig dichter um den Körper und stellte den Kragen hoch gegen die eisige Brise, die ihn umwehte. Es war Ende November und in dieser Nacht so kalt, wie schon lange nicht mehr. Da konnten auch Aphrodites griechischer Wein und der viele Ouzo, den sie vor dem Nachhauseweg noch getrunken hatten, nichts ändern. Nach manch gelungenem Abend waren er und seine Schützenkameraden und Freunde in das griechische Restaurant mit dem Namen der von Paris erwählten schönsten Göttin eingekehrt, hatten getrunken, gelacht, gesungen und debattiert, bis die Wirtin sie schließlich nach Hause schickte.
Noch immer wehte ihm der raue Wind um die Ohren und er beschleunigte seine Schritte auf dem unebenen Boden der Friedhofswege fernab der Straßenlaternen, nur im Licht des Mondes, der hinter den Wolken versteckt nun schon fast rot zu glühen schien. Mit einem Mal wurde ihm noch kälter, als es ohnehin schon war. Fröstelnd blickte er zu den Seiten, zwischen die Reihen der Gräber, die Kreuze, die Steine. Er musste an das denken, was ihm der junge Förster aus dem Nachbarort erzählt hatte, der ebenfalls regelmäßig den Schießstand besuchte. Dieser hatte in den vergangenen Wochen mehrmals seltsame Verletzungen an den Rehen eines privaten Wildgeheges begutachten müssen. Den Tieren war offenbar in den Hals gestochen worden – nicht lebensbedrohlich, jedoch mit zwei offensichtlich messerscharfen kleinen Klingen, welche jedes Mal exakt den gleichen Abstand zueinander aufwiesen. Fast, hatte der junge Mann gelacht, fast könnte man glauben, eine Vampirfledermaus hat sich in unsere Breiten verirrt. Doch das

müsste dann schon eine gewaltig große Vampirfledermaus sein, die solche dicken Zähne hat.
Ihn fröstelte noch mehr, zumal das Antlitz des Mondes nun wirklich in einem dunklen Rot erstrahlte und kaum noch ein Licht auf die düsteren Silhouetten der Grabsteine oder den Weg warf. Unsicher tasteten seine Füße sich weiter. Er hätte es heute mit dem Alkohol nicht so übertreiben sollen. Doch wenn einer der Kumpels nun mal Geburtstag hatte...
DA!
Etwas huschte über den Weg, nur wenige Zentimeter vor seinen Füßen. Ein erstickter Schrei des Schreckens drang aus seiner Kehle. Sein Herz, das einige Schläge übersprungen zu haben schien, pochte nun schnell und kräftig gegen seinen Brustkorb. Er konnte nicht erkennen, was da im Dunkeln an ihm vorbeigestoben war, doch groß war es gewesen. Größer als eine Katze oder ein Marder.
Nochmals beschleunigte er seine Schritte. Im noch immer fahl roten Licht des Mondes sah er seinen Atem vor dem Gesicht aufsteigen, als er nun ungeachtet der schlechten Sicht weitereilte. Nur noch wenige Schritte und er hatte den Ausgang des Gräberfeldes erreicht und würde wieder die Straßen mit ihren Laternen betreten, auf denen es nicht überall Schatten und Dunkelheit gab, in der sich Gott weiß was verstecken konnte.
Mit einem Mal raste etwas an ihm vorbei. Er spürte noch die Bewegung, wie es sein Bein streifte. Das Wesen von vorhin? Ein Tier! Es musste ein Tier sein! Doch was für eines? Ein Fuchs?
Er kam nicht dazu weiter nachzudenken, denn nur einen Sekundenbruchteil nachdem ihn die Kreatur gestreift hatte, sprang ihn etwas aus der Dunkelheit an. Er hatte keine Gelegenheit zu reagieren. Mit einem neuerlichen Schrei fuhr er herum und stieß dabei mit dem Fuß gegen die Einfassung von einem der Gräber. Das Gewicht des Angreifers schwer im Rücken gelang es ihm nicht, das Gleichgewicht zu wahren, so dass er rücklings auf das Grab stürzte. Er spürte noch, wie sein Kopf hart auf die steinerne Platte schlug. Der rote Mond explodierte vor seinen Augen und bevor ihn die Dunkelheit vollends umfing, sah er ein grässliches Wesen mit langem,

wüsten Haar und scharfen Zähnen, welches sich fauchend seinem Gesicht näherte.

Ellen Söhngen parkte mit quietschenden Reifen ihr Auto mitten auf der Straße. Die Blicke der vielen Passanten trafen sie – teils mitleidig, teils strafend – doch sie nahm keinen von ihnen wahr. Wie in Trance sprang sie aus ihrem Wagen, rannte vorbei an den Autos mit ihrem blauen Flackerlicht auf dem Dach, hin zu dem Tor, welches auf den Friedhof führte. Als sie hindurcheilen wollte, hielt ein uniformierter Polizist sie zurück.
„Langsam, gute Frau!“ Er umgriff hart ihren Arm.
„Mein Mann!“, keuchte sie. „Ich will zu meinem Mann!“
Der Griff des Polizisten wurde weniger grob, aber nichtsdestotrotz blieb er eisern.
„Sind Sie Frau Söhngen?“, fragte er.
Ellens Antwort war ein Schluchzen.
„So sagen Sie mir doch endlich, was mit ihm ist. Ich muss zu Ihm, hören Sie?“
„Das geht in Ordnung!“, mischte sich nun ein anderer Mann ein, welcher zwar keine Uniform trug, doch augenblicklich löste der Uniformierte den Griff um Ellens Arm. Der andere streckte ihr die Hand entgegen.
„Sie sind Frau Söhngen, wenn ich das richtig verstanden habe?“
Ellen nickte mühsam.
„Mein Name ist Hauptkommissar Erik Molander. Ihrem Mann geht es weitestgehend gut. Wie man so schön sagt: Kinder und Betrunkene haben immer Glück.“
Er rang sich ein Lächeln ab.
Ellens Beine sackten unter ihr weg. Der Kommissar und sein uniformierter Kollege stützten sie.
„Es ist gut, Frau Söhngen.“, beruhigte Molander sie nochmals. „Schauen sie. Da kommt ihr Mann.“
Zwei Sanitäter schoben einen in eine glänzende Wärmedecke eingewickelten Mann auf einer Trage durch das Tor.
Das Gemurmel der Schaulustigen hob an. Ein jeder konnte es nicht erwarten zu sehen, ob sich der Mann unter der Decke noch regte, oder ob die Decke womöglich auch sein Gedicht

bedeckte – ein untrügliches Zeichen, wie man es aus den Krimis im Fernsehen kennt.
Doch das Gesicht des Mannes lag frei. Es war lediglich von einer Plastikmaske bedeckt, über die der neben der Trage laufende Notarzt dem Mann unablässig Sauerstoff in die Lungen trieb.
„Holger!“, stieß Ellen hervor. Sie stürzte vor zur Liege.
„Das ist seine Ehefrau.“, erklärte der Kommissar dem Arzt. „Sie steht offenbar unter Schock. Wäre es möglich, dass Sie sie mitnehmen?“
Der Notarzt nickte ihm knapp zu.
„Ihr Mann hat großes Glück gehabt!“, wandte er sich dann an die mittlerweile in Tränen aufgelöste Frau Söhngen. „So eine Nacht im Freien, Ende November und gerade bei den niedrigen Temperaturen der letzten Nacht, kann äußerst unschön enden.“
Damit schoben sie die Trage in den Rettungswagen und der Arzt half auch der zitternden Ehefrau an Bord. Die Türen schlossen sich und mit lautem Geheul bahnte sich der Wagen seinen Weg durch die mittlerweile dicht gedrängten Passanten.
„Sehen sie zu, dass keiner den Friedhof betritt.“, wisperte Molander seinem Kollegen zu. „Ich möchte hier Ruhe haben, bis der Förster eintrifft und sich die Polaroids und die Spuren angesehen hat.“
Der junge Polizist nickte und griff zu seinem Funkgerät, um einen weiteren Wagen hinzuzurufen.
Molander lenkte seine Schritte wieder zurück auf den Friedhof, hin zu dem verwüsteten Grab, auf dem eine alte Witwe, die in der Früh gemeinsam mit ihrer Enkelin zum Grab ihres verstorbenen Mannes hatte gehen wollen, den unterkühlten Herr Söhngen gefunden hatte. Die beiden Frühaufsteher waren offenbar das Glück des Verletzten gewesen, überlebenswichtiges Glück. Die Witwe hatte die Enkelin losgeschickt an einem der nahen Häuser zu klingeln und einen Arzt zu rufen.
Die örtlichen Kollegen waren es dann gewesen, die wiederum ihn gerufen hatten, mit den Worten „ein Vampir gehe um im Ort“. Molander machte sich nichts aus solchen Märchen, doch er hatte die Polaroids des gestürzten Mannes auf dem Grab

gesehen und ebenso seine Verletzungen am Hals. Dies alles konnte nur ein schlechter Scherz sein.
Ein großer, dunkelgrüner Geländewagen hielt auf der Straße. Der Förster war da. Molander ging ihm entgegen.
„Ich grüße Sie, Herr Agster. Tut mir leid, dass wir sie so früh wecken mussten."
„Kein Problem.", erwiderte der junge Mann. „Ich war ohnehin auf und wollte die Futterstellen für das Wild überprüfen. Es wird sehr wahrscheinlich einen harten und kalten Winter geben."
„Was Sie nicht sagen.", lächelte Molander und rieb die Hände aneinander.
Die beiden Männer passierten erneut das Tor zum Friedhof und Molander führte den jungen Förster zu dem Grab.
„Ich habe gehört, dass sie in den letzten Wochen mit einigen seltsamen Fällen zu tun hatten, das Wildgehege von einem Herrn Faas betreffend."
Agster nickte.
„Ja. In dem Gehege wurden immer wieder Tiere verletzt. Offensichtlich über Nacht. Die Tiere sind normalerweise handzahm, doch sie zeigten sich zusehends verstört, was ihrem Besitzer bei den Fütterungen auffiel. Als wir sie uns dann genauer angesehen haben, stellten wir fest, dass viele von ihnen bissartige Spuren am Hals aufwiesen. Die Male waren verschiedenen Alters, die frischesten wahrscheinlich erst von der vorangegangenen Nacht."
Molander nickte stumm. Sie hatten das zerfurchte Grab erreicht. Die beiden Männer blickten hinunter auf die zerdrückten Blumen.
„Hier wurde der Mann gefunden. Er hatte eine mächtige Beule am Hinterkopf, wahrscheinlich durch den Sturz auf die Platte. An seiner linken Halsseite befanden sich zwei Male, die denen der Rehe entsprechen könnten, von denen Sie mir erzählt haben. Sie waren der Grund, warum ich hinzugerufen wurde. Möglicherweise handelt es sich um einen Wildangriff, was ich nun hoffe mit Ihrer Hilfe klären zu können."
Förster Agster nickte erneut.
„Wie sahen diese Male aus?"
„Wir haben sie dokumentiert.", erwiderte Molander und winkte einen Kollegen herbei. „Hier!"

Er reichte dem Förster die Polaroids. Ihm war, als ob der junge Mann ein wenig schauderte, als er die Aufnahmen sah. Ein gequältes Lächeln kam mühsam über seine Lippen.
„Ich... ich habe noch gestern Abend im Schützenverein Witze über diese Wunden der Tiere gemacht. Ich sagte, fast sähen sie so aus, als ob eine riesige Vampirfledermaus sich hier in den Norden Deutschlands verirrt hätte, und nun... nun finden Sie einen Mann mit diesen Verletzungen am Hals in der Morgendämmerung auf einem Friedhof."
Der Blick des Kommissars fixierte den jungen Mann. Keine seiner Reaktionen, Gefühlsregungen oder Worte entgingen ihm.
„Es sieht aus wie die Spuren, die wir bei dem Dammwild von Faas gefunden haben... aber fragen Sie mich bitte nicht, wer oder was solche Wunden verursachen kann."

In der Bäckerei Jürgens herrschte emsiges Treiben. Seit in den frühen Morgenstunden die alte Käthe Hansen den Laden betreten und berichtet hatte, dass Söhngens Holger blutleer ausgesaugt auf dem Friedhof läge, hatte sich die Nachricht wie ein Lauffeuer unter den Kunden verbreitet, die für frische Brötchen oder die Tageszeitung gekommen waren. Alle waren sie zum Friedhof geeilt und hatten noch den Rettungswagen von dannen fahren sehen, ehe sie ein junger Uniformierter angewiesen hatte, weiter zu gehen und die Straße nicht für den Verkehr zu blockieren.
Nun versammelten sie sich alle wieder vor und in der Bäckerei und tauschten aus, was sie an Blicken hatten erhaschen können.
Mit einem Mal wurde es still, als vor der Tür der Wagen des Försters hielt und dieser die Bäckerei betrat.
„Mensch, Malte!", rief ihm eine der Frauen entgegen. „Nun sag schon? Was ist da auf dem Friedhof passiert? Was hat der Kommissar gesagt?"
„Der Kommissar weiß selber noch nichts. Er wollte, dass ich mir anschaue, was für Tiere heute Nacht über den Friedhof gelaufen sind, aber außer einem ziemlich kräftigen Fuchs ist da heute Nacht wohl nicht viel vorbeigekommen."
„Und was ist mit dem Vampir, der den Holger ausgesaugt hat?"

Malte Agster erstarrte in der Bewegung.
„Was... was sagst du da?“
„Du wirst es doch gesehen haben! Ein Vampir... ein Vampir, der auch die Rehe vom Faas getötet hat.“
„Die Rehe vom Faas leben noch alle, Ingrid. Aber... ich wusste nicht, dass es der Holger war, den sie da heute morgen gefunden haben. Ich... ich hatte gedacht, es wäre jemand von außerhalb, den ich nicht kenne.“
„Freilich war's der Holger, der ist mal wieder über den Friedhof nach Haus von eurem Schützentreff.“
„Da hätte er sich mal lieber eine der Flinten mitgenommen, was?“
Ein gackerndes, weibisches Lachen ertönte.
„Nein, gegen einen Vampir helfen nur Kreuze, Pflöcke und Weihwasser. Kannst du ja als neue Souvenirs in deinem Laden verkaufen, Marit.“, zischte Malte zurück. „Ich danke dir Lisa, aber mir ist der Appetit vergangen.“
Damit verließ er die Bäckerei und den schnatternden Haufen Schaulustiger.

Sven Botten war an diesem Abend unterm Glockenturm verabredet. Er kam früh, mit Absicht, denn er wollte die Frau, mit der er sich heute traf, ein wenig necken. Er hatte sie bei Aphrodite kennen gelernt und sie – dem Charme des Ortes entsprechend – mit einem Apfel verführt.
„Der Apfel für die Schönste unter den Schönen, heute Abend!“
Mit diesem Spruch hatte er schon so manches Frauenherz höher schlagen lassen. Sie verfielen ihm reihenweise und auch wenn seine heutige Eroberung fast ein bisschen zu alt für seinen Geschmack war, so war sie doch eine willkommene Abwechslung, verschlug die kalte Jahreszeit doch kaum eine einsame Wanderin nach Wardenburg. Normalerweise gefielen Sven mehr die knapp zwanzig jährigen, gut gebauten Mädchen, obgleich er ohne weiteres deren Vater sein konnte. Doch seinem Charme und vor allem seinem klingenden Geldbeutel konnte eben keine widerstehen.
An diesem Morgen hatten sie einen Bekannten von ihm auf dem Friedhof gefunden. Nicht tot jedoch wohl stark unterkühlt und um ein wenig seines roten Lebenssaftes gebracht. Seither ging das Gerücht um im Dorf, dass ein Vampir sein Unwesen

treibe, der auch schon das ein oder andere Reh „gerissen“ habe. Sven machte sich nichts aus diesen Geschichten, doch wer wusste schon, wie seine holde Abendbegleitung es mit Aberglauben hielt. Sven schlich um den Turm herum und fand schließlich eine geeignete Stelle, um sich zu verstecken. Er bestellte die Mädchen und Frauen stets zu diesem Turm, dem Wahrzeichen Wardenburgs. Ein bisschen kulturelles Wissen konnte nie schaden, um die ganz harten Nüsse unter dem hochnäsigen Weibervolk zu knacken.
Gebannt hockte Sven in seinem Versteck und lauschte.
Mit einem Mal, trat eine Gestalt aus den Schatten unweit seines Verstecks hervor. War sie etwa schon da? Hatte sie gesehen, wie er sich versteckte? Aber sie war einige Minuten zu früh... Sven grinste. Kannst es wohl nicht mehr lange aushalten, meine Kleine, was?
Die Silhouette war wieder in den Schatten verschwunden.
Na schön, mein Mädchen, dachte Sven, dann werden wir dich mal noch ein bisschen warten lassen... bis wir es beide fast nicht mehr...
Ein stechender Schmerz durchzuckte seinen Körper. Etwas schweres, hartes, war von hinten auf seinen Schädel niedergeschmettert. Er schmeckte warmes Blut in seinem Mund. Offenbar hatte er sich auf die Zunge gebissen. Ehe er sich umwenden konnte, traf ihn ein zweiter Hieb, der ihn unter einem infernalischen Feuerwerk von Blitzen vor seinen Augen und einem diabolischen Gelächter in seinen Ohren zu Boden sinken ließ.

Holger Söhngen blinzelte. Er blickte in das viel zu helle Neonlicht der Deckenleuchten eines weiß gestrichenen Raumes. Wo war er? Wie war er hierher gekommen. Mühsam versuchte er sich aufzurichten doch alles schmerzte. Ganz besonders sein Kopf.
Dann zuckte schemenhaft die Erinnerung durch seinen Kopf. Der blutrote Mond, der Schatten, der an ihm vorbeijagte, die ....
Er bewegte den Kopf rasch zur Seite und schüttelte ihn. Keine gute Idee, wie er spürte, doch er wollte das Bild dieser abscheulichen Fratze, die er gesehen hatte, nicht vor seinen Augen auftreten lassen. Er erinnerte sich an seine Gedanken,

als die Dunkelheit ihn umfing. Sterben! Ich werde sterben! Du lebst nicht mehr. Du bist ja schon so gut, wie tot. Du bist der Abschaum, der...
Erneut riss er seinen Kopf herum, erneut durchfuhr ihn heftiger Schmerz.
„Herr Söhngen!“ Ein Arzt kam ins Zimmer geeilt. Er nickte dem zweiten Mann im Zimmer kurz zu, der offenbar die Klingel gedrückt hatte.
„Herr Söhngen, können Sie mich hören?“, fragte der Arzt. „Herr Söhngen, Sie sind hier im Krankenhaus... es wird alles...“
Doch die Worte verschwammen und verloren sich in seinen Ohren. Immer wieder hörte er nur dieselben alten Worte. Du bist Abschaum. Du bist Dreck. Wärst du nicht ohnehin schon tot, dann...
Doch Holger Söhngen wusste, dass er diese Worte nicht gedacht hatte, als ihn die gnädige Ohnmacht von dem Anblick des Grauens befreite. Warum hallten diese Worte unaufhörlich in seinen Ohren? Es waren Worte, die er selbst gesprochen hatte... vor über 20 Jahren.

Mit allen fünf Fingern fuhr Molander sich durch die mittellangen, blonden Haare, als er den Hörer in die Gabel hängte.
„Das ist nun schon der zweite Fall dieser Art in nur zwei Nächten! Ganz Wardenburg steht Kopf. Der Gemeindespiegel würde am liebsten ein Photo des Vampirs auf seiner Titelseite veröffentlichen, nur dass man die zum einen angeblich ja nicht photographieren kann und zum anderen der Redaktionsschluss für die Dezemberausgabe schon im Oktober lag.“
„Sie könnten ja ein leeres Cover abdrucken und dann behaupten, dass man Vampire tatsächlich nicht photographieren kann.“, grinste Molanders Kollege am Schreibtisch gegenüber.
Molander warf ihm einen vernichtenden Blick zu.
„Ich finde das alles andere als lustig. Irgendjemand rennt zur Zeit da draußen rum und macht sich einen Spaß daraus Rehe und Menschen auszusaugen. Immerhin wissen wir inzwischen, dass es zumindest mal kein Tier ist, denn die

neigen eher nicht dazu ihre Opfer vor dem Angriff feige hinterrücks niederzuschlagen, wie es beim Opfer von heute Nacht geschehen ist. Aber wer auch immer dies tut, ich verstehe nicht, welchen Nutzen er oder sie daraus ziehen!"
„Kein entwendetes Bargeld, keine verloren gegangenen Hausschlüssel.", kommentierte Baader, sein jüngerer Partner.
„Eben. Und auch kein so relevanter Blutverlust, dass man auf klinischen Vampirismus kommen könnte. Immer nur diese beiden Einstichstellen am Hals... die nicht nur bei den Menschen, sondern auch bei den Rehen aufgetreten sind. Wozu macht man sowas?"
„Vielleicht ist der Täter geistesgestört?", warf Baader ein. „Vielleicht denkt er, er ist ein Vampir und es reicht ihm nicht mehr, nur Tiere zu überfallen um sich zu ernähren. Und ich habe mal gehört, dass man sich bei großen Mengen Blut im Magen übergeben muss. Vielleicht weiß diese Person, dass sie noch nicht so viel Blut verträgt und lässt es deshalb langsam angehen, bis sie geübt genug ist einen Menschen komplett auszusaugen."
Molander betrachtete Baader mit einem skeptischen Blick.
„Manchmal machen Sie mir wirklich Angst, Baader. Vielleicht hätten Sie Psychiater werden und dann Patienten wie Bram Stoker's Renfield untersuchen sollen."
„Renfield-Syndrom." Baader schlug mit der flachen Hand auf den Tisch, so dass Molander unwillkürlich zusammenzuckte. „Das war es. So bezeichnen die Ärzte im Fachdeutsch den klinischen Vampirismus!"
„Seien Sie still. Das kann einen ja ganz irre machen. Das halbe Dorf glaubt schon an einen Vampir und Sie wollen ihm auch noch einen liefern?"
Das Telefon klingelte. Molander griff nach dem Hörer.
„Ja, Molander?", meldete sich der Kommissar. „Ja... aha...."
Er nickte und kritzelte sich einige Notizen auf einen Block. Dann wurde sein Gesicht bleich, obgleich ein nervöses Lächeln seine Lippen umzuckte, fast wahnhaft, unangebracht, doch unfähig es zu unterdrücken.
„Das ist ein schlechter Scherz, oder?"
Baader starrte seinen Kollegen an. Dieser brachte jedoch außer einem gepressten: „In Ordnung. Ich verstehe.", nichts

weiteres mehr über die Lippen. Dann ließ er den Hörer wieder auf die Gabel sinken.
„Was ist?“, fragte Baader. „Hat der Gemeindephotograph ein Photo des Vampirs schießen können und wir schreiben jetzt Nosferatu zur Fahndung aus?“
Die Gesichtszüge Molanders blieben ausdruckslos.
„Unser Vampir… ist aus Fleisch und Blut.“, brachte er schließlich mühsam hervor. „Zumindest hat er offenbar Haare und einige davon am Tatort hinterlassen. Die Kollegen von der Spurensicherung und der Forensik waren mittlerweile in der Lage diese Haare einer jungen Frau zuzuordnen.“
„Hah!“ Baader sprang von seinem Stuhl auf. „Da haben wir's. Dann werden wir die Gute doch mal besuchen und schauen, ob wir Blutkonserven in ihrem Kühlschrank finden.“
„Das werden wir nicht können.“, entgegnete Molander leise. „Die Frau, deren DNA wir am Tatort gefunden haben, ist seit 23 Jahren tot!“

Uwe Fredrich wand sich in Alpträumen. Eine grauenvolle Fratze spielte darin eine große Rolle. Sie erschien und zerfiel vor seinen Augen, kam näher, so dass er ihren heißen Atem spüren und ihre scharfen Zähne sehen konnte. Er wollte aufwachen… aufwachen… dies hier konnte nur ein Traum sein. Gedanken schossen ihm durch den Kopf. Gedanken an Sven, an Holger… es war kein Traum. Diese Fratze, dieser Vampir, er war real und nun wollte er sein Blut. Uwe wollte um sich schlagen, doch er konnte sich nicht rühren. Er wusste noch, dass ein harter Schlag ihn ins Genick getroffen hatte und seither wusste er nichts mehr. Er lag auf etwas hölzernem, massiven, doch offenbar gepolstertem… etwa… etwa in einem Sarg?
Seine Arme… er konnte seine Arme nicht bewegen. Seine Hände schienen wie von Geisterhand festgehalten… Da erschien sie wieder, die Fratze, der Vampir. Blut tropfte von den Zähnen und jetzt spürte auch er das warme Rinnsal, das seinen Hals hinunterlief.
Gefahr… Gefahr… ganz allein… Nur sie ist schuld… nicht deine Schuld… nicht dein Leben… alles vor dir… verlassen… ganz allein… Ganz…
„AAAAAHHHH.“

Mit einem Schrei zeriss Uwe die Fesseln, die ihn hielten. Er richtete sich auf. Der Untergrund… es war kein Sarg. Es war ein Bett auf dem er saß. Die Tür flog auf und zwei Frauen, ganz in weiß kamen herein. Sie sprachen beruhigend zu ihm… legten ihn wieder hin. Ein Arzt mit wehendem Kittel kam hinzu. Er sprach zu ihm, stellte ihm Fragen. Uwe wollte nichts hören… alles hallte noch nach aus seinem Traum… die Worte… schreckliche Worte, aus seinem eigenen Mund… der Vampir. Schließlich erneuerte der Arzt die Braunüle an Uwes Hand, deren Schlauch er sich aus dem Arm gerissen hatte… die Fessel…. Alles nur ein Traum?
Nein… das konnte nicht sein… er erinnerte sich… er hatte dieses Gesicht schon einmal gesehen… er kannte es, doch wusste nicht woher… Am Abend zuvor hatte die Ohnmacht ihm den Gedanken geraubt. Nun, war es die Erschöpfung und der Schlaf, der ihn übermannte.

Sven Botten hatte den Schrei aus dem Nebenzimmer gehört. Er hatte ihn aus seinem Traum gerissen, einem unangenehmen Traum voll Blut, Schmerz und… tatsächlich so etwas wie Todesangst. Wenn man in einem Traum stirbt, dann wacht man auf. Aber wie ist es, wenn man in der Realität schon mal gestorben ist, oder es sich zumindest so angefühlt hat? Dann hat der Tod nicht mehr seine schützende Hand über einem, wenn man träumt. Man träumt friedlich weiter und durchlebt alle Qualen aufs Neue und aufs Neue. Schon irgendwo makaber, dass der Tod einen offenbar vor manchen hinterhältigen Ideen, die das menschliche Gehirn in seiner Erlebnisverarbeitung für einen bereit hält, bewahren kann. Dass er einen retten kann… vor schlimmen Erlebnissen der Realität…
Sven schüttelte den Gedanken rasch ab. Er hatte schon vor vielen Jahren beschlossen, dass das Leben zu kurz war, um sinnlos irgendwelchen Dingen aus der Vergangenheit nachzuhängen. Sein Blick ging stets nach vorne, in die Zukunft und ins Dekolleté der von der Natur wohl bedachten Krankenschwester, die gerade sein Abendessen brachte.
Er zwinkerte ihr zu und nahm mit Genugtuung zur Kenntnis, dass ein Apfel sein Tablett zierte. Zwar hatte sich seine Masche unter den Frauen in Wardenburg und Umgebung

herumgesprochen, doch er wagte zu bezweifeln, dass eine jede Krankenschwester in Oldenburg über ihn informiert war... schon gar nicht, wenn sie so offen zur Schau trug, was sie hatte. Wie gut, dass Sven alleine auf seinem Zimmer lag.
Er griff hinüber zu seinem Portemonnaie und nestelte mit seinen Fingern nach dem Kondom, das er für solche Zwecke immer dabei hatte. Seine Finger ertasteten das Objekt der Begierde und noch etwas weiteres, einen zusammengefalteten Zettel.
Hab' ich doch tatsächlich die Telefonnummer eines kleinen Häschens hier vergessen?, grinste Sven, als er den Zettel entfaltete. Doch sein Grinsen gefror ihm auf der Stelle. Auf dem Zettel stand keine Telefonnummer und auch kein Name einer willigen Begleiterin für eine Nacht.
„Safer Sex –", zitierten die ersten Worte den Schriftzug auf der Kondomhülle. Dahinter war ein kleines, lachendes Mondgesicht gezeichnet. „Das wird dir nichts mehr nützen.... Das Gift ist in dir. Ab heute trägst du Blut, von meinem Blute."

„Ich verstehe es nicht."
Erik Molander wanderte im gemeinsamen Büro zwischen Flipchart und Fenster auf und ab.
„Wieso zur Hölle überfällt eine Tote Rehe und Männer in Wardenburg?"
Eine weitere Nacht war vergangen und trotz aller ausdrücklichen Warnungen der Polizei nach Einbruch der Dunkelheit das Haus nicht mehr zu verlassen, hatte es auch in dieser einen weiteren Mann erwischt.
„Die Tote hat mal hier in Wardenburg gewohnt. Nicht lange, aber immerhin.", ertönte Baaders Stimme hinter seinem Bildschirm.
„Irgendwelche Verbindungen zu den drei Opfern?"
„Außer, dass sie alle im selben Ort gelebt haben, bisher keine..."
„Die Frau ist bei einem Autounfall ums Leben gekommen, richtig?"
„Ja."
„Gab es da irgendwelche Ungereimtheiten?"
„Es ist nicht ganz klar, wieso sie von der Fahrbahn abgekommen ist. Es war trocken, die Sicht war klar, helllichter

Tag. Nur eine einsame Straße und ein paar Bäume. Die Straße macht zwar einen weiten Bogen, also eine leichte Kurve, aber keine, die man nicht auch mit etwas zu hoher Geschwindigkeit nehmen könnte. Deswegen gibt es dort auch keine Leitplanke."
„Wäre es möglich, dass sie absichtlich in den Baum gefahren ist?"
„Ja, das haben die Kollegen damals auch vermutet. Sie ist wohl zuvor durch die Ortschaft Tungeln gefahren, wo mehrere Zeugen sich daran erinnern konnten, dass laute Musik aus ihrem Auto schallte. Es gab keinen Abschiedsbrief und nichts. Zur Beerdingung war nur ihre engste Familie zugelassen."
„Wo ist sie beerdigt?"
„An der Mosel. Traben-Trarbach heißt der Ort."
„Nun... vielleicht sollten wir die dortigen Kollegen mal kontaktieren und um ihre Mithilfe bitten. Zum Beispiel könnten sie das Grab ausheben und nachschauen, ob sie auch darin liegt und ihr gegebenenfalls einen Pflock durch's Herz jagen."
Baader blickte auf und lugte über seinem Bildschirm hervor. Molander seufzte.
„Es tut mir leid, Baader. Ich habe nur im Moment leider nicht die geringste Ahnung, was wir tun könnten."

Holger Söhngen hatte keinen Appetit. Zwar hatten ihm die Schwestern das Frühstück genau nach seinen Wünschen in der Küche bestellt, doch ihm war nicht nach frischem Brötchen mit Pflaumenmus und einer Tasse Kaffee. Ihm war speiübel, ein jedes Mal, wenn er an die Worte in seinem Kopf dachte. Nach und nach hatte er auch das Gesicht, die Fratze, die ihn so ängstigte, wieder in seinen Geist gelassen und er hatte mittlerweile keinen Zweifel mehr, dass die kleine Ann-Kristin vom Rhein oder wo auch immer sie hergekommen war aus dem Grabe gestiegen war, um ihn zu strafen. Zu strafen für all das, was er und andere aus dem Dorf ihr vor mehr als 20 Jahren angetan hatten.
Er war nie ein gläubiger oder frommer Mensch gewesen, hatte manchmal auf dem Nachhauseweg sogar seine Notdurft an einer Mauer der kleinen Kirche verrichtet, doch dass dies eine Heimsuchung und eine möglicherweise sogar gerechte Strafe war, davon war er überzeugt. Von seiner Frau hatte er

erfahren, dass in den vergangenen Nächten nach dem Überfall auf ihn noch zwei weitere Männer eingeliefert worden waren. Sven Botten und Uwe Fredrich. Es passte alles.
Er fröstelte. Würde auch an diesem Morgen ein Weiterer hier ins Krankenhaus kommen? Ein neues Opfer der Nacht und von Ann-Kristins fürchterlichem Rachegeist?
Seine Frau hatte ihm alles berichtet, was sie über die anderen beiden Männer, deren Verletzungen und die Überfälle auf sie wusste.
Doch sie wusste nicht alles. Sie wusste nichts von dem Schreiben, das Sven Botten bei seinem nächtlichen Beistand aus Latex gefunden hatte. Holger Söhngen wusste auch nichts davon, wie auch?
Doch auch er hatte in jener Nacht eine Nachricht zugesteckt bekommen:
„Blut… ist ein besond're Saft. Blut von meinem Blute reinigt alte Wunden und reinigte die deine."

Am späten Vormittag des nächsten Tages saßen Baader und Molander im Auto. Baaders intensive Nachforschungen am Computer sowie in alten Ausgaben des Gemeindespiegels, welcher mittlerweile doch ohne Vampir auf dem Cover am ersten Dezembertag veröffentlicht worden war, hatten ergeben, dass die junge Ann-Kristin Beth mit einem damals in Oldenburg lebenden Mats Andersson verlobt gewesen war. Pikant an dieser Information war die Tatsache, dass es zwar zwischen den bisher verletzten Männern und dem jungen Andersson keine Verbindung gab, wohl aber zwischen diesen und seinem Vater. Der Vater war damals Schützenkönig in Wardenburg gewesen und lebte dort in Scheidung von seiner Frau – Mats Mutter. Offenbar war sein Interesse an dem Sohn nicht sonderlich groß gewesen. Ann-Kristin hingegen hatte Mats bei einer Klassenfahrt ihrer damaligen Schule nach Oldenburg kennen gelernt und aus einer anfänglichen Brieffreundschaft entwickelte sich mehr, bis sie schließlich in den Norden gezogen war, um näher bei ihrem Geliebten zu sein. Sie hatte an der alten Wardenburger Wassermühle gelebt und gejobbt. Nach der Hochzeit hatte man große Pläne gehabt. Sie wollten gemeinsam in eine Wohnung nach Oldenburg ziehen. Doch dazu hatte es nie kommen sollen.

Mittlerweile lebte Mats bei seinem Vater in Wardenburg. Sein Vater war krank, so hieß es. Er hatte in den vergangenen Jahren stark abgebaut und ging kaum noch vor die Tür. Er habe einen Tumor, munkelte man. Ein sogenanntes „malignes Lymphom“, das ihn mehr und mehr dahin raffe. Aus diesem Grund erledigte offenbar Mats nun alles für seinen alten Herrn, denn Mats Mutter hatte keinerlei Interesse daran, ihren Ex-Mann wiederzusehen geschweige denn zu betreuen.
Molander war jedes Mal auf’s Neue erstaunt, was sein Kollege über das Internet und durch einige wenige Telefonate herauszufinden vermochte. Diese Bewunderung legte sich jedoch ein wenig, als sie anhielten, um sich in der Bäckerei Jürgens belegte Brötchen zum Mittagessen zu kaufen. Offenbar war hier und auf der Straße direkt vor der Bäckerei mittlerweile ein zweiter Marktplatz gegründet worden. Eifrig debattierend standen all jene zusammen, die anscheinend nichts Besseres zu tun oder aber gerade Mittagspause hatten.
Jäh verstummte die Menge, als der Polizist sich seinen Weg hindurchbahnte. Baader wartete im Auto. Lächelnd reichte die Verkäuferin Molander die gewünschten Brötchen. Als er sich fast schon in Sicherheit wähnte, brach schließlich doch noch die Neugier in den versammelten Bewohnern durch.
„Herr Kommissar! Herr Kommissar!“
Molander presste die Lippen zusammen. Schön ruhig bleiben. Wenn es etwas gab, dass er nicht leiden konnte, dann waren es Schaulustige. Und wenn es etwas gab, dass er noch weniger leiden konnte, dann waren es Schaulustige ohne Tatort, die alles dafür taten sich einen eigenen Tatort zu schaffen.
„Herr Kommissar, stimmt es, dass der Vampir heute Nacht zum vierten Mal zugeschlagen hat?“
„Ist mir nicht bekannt.“
„Herr Kommissar. Haben Sie schon eine Spur? Soweit ich weiß, können schiefstehende Kreuze auf Friedhöfen Hinweise auf das Versteck eines Vampirs geben.“
„Ich werde dem nachgehen, danke.“
Mühsam beherrscht schritt Molander voran. Er kam sich vor wie auf einer Pressekonferenz, die ihm für diesen Fall wohl unweigerlich noch bevorstand. Spätestens wenn die großen Blätter von dieser haarsträubenden Geschichte Wind

bekamen, würde es hier von Reportern, Photographen und Anhängern des schwarzen Kults wahrscheinlich nur so wimmeln. Und so wie die Buschtrommeln hier offenbar funktionierten, konnte dies nicht mehr allzu lange dauern. Ein Grund mehr, den Fall rasch zu einem Ende zu bringen. Molander beschleunigte seine Schritte.
„Bitte keine weiteren Fragen. Ich darf Ihnen keine Auskünfte geben."
Enttäuschtes Raunen war die Antwort. Dann:
„Ist es wahr, dass die Männer durch die Bisse mit HIV infiziert wurden?"
Kommissar Molander erstarrte fast in der Bewegung, dann richtete er sich auf und wandte sich zu dem Fragenden um.
„Wie kommen Sie darauf?"
„Es ist das Gespräch Nummer eins im Dorf. Der Vampir hat die Männer infiziert. Er hat sie von seinem Blut trinken lassen, um auch sie zu Vampiren…"
„So, das reicht jetzt." Molander schüttelte entschieden den Kopf und rang sich ein nicht ganz überzeugendes nervöses Lächeln ab. „Wissen Sie, ich habe Hunger und mein Kollege van Helsing und ich haben noch einiges zu tun, bevor die Nacht erneut hereinbricht. Guten Tag."
„Was können wir tun, um uns zu schützen?" rief eine Stimme aus dem Hintergrund.
Molander blickte noch einmal zur offenen Beifahrertür hinaus.
„Bleiben Sie im Haus und hängen Sie Knoblauch ins Fenster."
Damit fuhren sie los.

Uwe Fredrich, der Dritte im Bunde der Vampir-geplagten Krankenhausinsassen war nicht umhin gekommen, ebenfalls einen klein gefalteten Zettel zu finden. Auch ihm riet der Absender mit manigfaltigen Verschlüsselungen dringend dazu einen Test auf HIV zu machen. Dies war jedoch nicht so einfach, wie Uwe Fredrich und auch die beiden anderen Männer es sich vorgestellt hatten. Der Arzt hatte Ihnen erklären müssen, dass für einen maximal sicheren Nachweis oder Ausschluss eine Wartezeit von etwa drei Monaten nötig sei, da durch das Verfahren nicht die Viren selber, sondern die gegen sie gerichteten Antikörper nachgewiesen würden. Jedoch hatte man allen drei Männern eine sogenannte

Postexpositions-Prophylaxe verabreicht, welche zumindest bei dem letzten Opfer des Vampirs noch innerhalb des als sinnvoll erachteten Zeitraums gegeben wurde. Von nun an hieß es für die Männer warten. Warten mit einer quälenden Ungewissheit und ohne den Mut, es jemandem zu erzählen, außer ihrem Arzt und sich selbst. Sie ahnten nicht, dass mittlerweile bereits das ganze Dorf über ihre mögliche Infektion Bescheid wusste.

Molander und Baader fuhren die kleine Straße zum Haus der Anderssons entlang. Molander hatte seinem Ärger während der Fahrt kräftig Luft gemacht, so dass Baader inzwischen zusammengesunken im Fahrersitz kauerte.
„Es tut mir leid, Baader.", entschuldigte sich Molander. „Ich musste nur eben Dampf ablassen. Wie ist es möglich, dass ein ganzer Ort vor uns die Ergebnisse unserer Ermittlungen kennt. Ich meine... die Idee, dass dieser Vampir bei den Überfällen nichts nimmt, also möglicherweise was geben könnte, um daraus seinen Nutzen zu ziehen... die hatten wir auch schon in Betracht gezogen. Nun gut, wir haben es wieder verworfen, weil, welchen Sinn würde es machen zum Beispiel Drogen zu injizieren... wenn der Vampir die Männer töten wollte, hätte er es in aller Ruhe tun können, als sie bewusstlos waren... aber so? So bekommt das ganze natürlich eine äußerst... pikante Note."
Ein Handy klingelte. Molander griff danach.
„Molander? Ahhh... gut, dass sie anrufen! Ja, das kann ich mir denken, dass das schwierig war, aber sie haben die Informationen bekommen? Oha..."
Molander pfiff durch die Zähne.
„Ich danke Ihnen... Grüßen Sie mir die Weinberge."
Lächelnd und mit einem fast überraschten Gesichtsausdruck, legte Molander sein Handy beiseite. Inzwischen hatten sie vor dem Haus der Anderssons gehalten. Baader blickte ihn erwartungsvoll an.
„Nun... Die Kollegen aus Traben-Trarbach haben nicht das Grab von Ann-Kristin geöffnet, sondern ihre Krankenakte. Mögliche bekannte Depressionen oder Ähnliches interessierten mich darin. Jedoch ist es gar nicht so einfach an diese Akte heranzukommen, da die ärztliche Schweigepflicht ja über den Tod hinausgeht."

Molanders Kollege hob eine Augenbraue.
„Spannen sie mich nicht so auf die Folter, Mann!“
Molander lächelte.
„Ann-Kristin Beth war HIV-positiv.“

Leise, ganz sacht, schob sich eine Gestalt im Schatten der großen Bäume durch den Garten eines großen, fast als prächtig zu bezeichnenden Hauses. Sorgsam wich sie jedem Licht aus und tanzte fast zwischen den einzelnen schattenspendenden Sträuchern und Säulen umher, die den Garten zierten.
Die Haare hingen der Kreatur in Strähnen im Gesicht. Ihre Lippen waren rot wie Blut und ihre Kleider schwarz wie die Nacht. Die Haut bleich, die Augen dunkel in ihren Höhlen. Mit wenigen Sprüngen war sie einen Baum hinauf. Hier... von diesem Baum aus konnte sie überblicken, was noch wichtig war für sie auf dieser Welt. Hier, in diesem Baum konnte sie verharren und warten. Warten auf die Nacht, auf das schützende Dunkel, das sie abermals umgeben würde, in dieser Nacht ein letztes Mal.
Das Wesen schloss die Augen. Es brauchte seine Kraft und war deshalb die letzte Nacht auch nicht auf Beutezug gegangen. Alles, was es noch begehrte, war hier in diesem Haus. Die Augen öffneten sich noch einmal, prüfend die Umgebung taxierend und sein Blick fiel durch ein geöffnetes Fenster im Dach, hinter welchem ein Mann in seligem Frieden seinen Mittagsschlaf zu halten schien.
Schon zu lang. Viel zu lang. Es wollte nicht mehr warten.

„Ja bitte?“
Ein Mann Anfang vierzig öffnete die Haustür und blickte direkt in die Gesichter zweier Polizisten sowie deren Ausweise, die sie ihm entgegen streckten. Der Mann nickte nur stumm und trat zurück ins Haus, um die beiden hinein zu lassen.
„Sie kommen wegen Ann-Kristin, habe ich recht?“
Molander und Baader blickten sich verblüfft an.
„Ich habe ja bereits gemerkt, dass der Buschfunk hier gut zu funktionieren scheint, aber so schnell...“
Mats winkte ab.

„Nein. Es war das herkömmliche Telefon und Holger Söhngen, der im Krankenhaus Zeit hatte, eins und eins zusammenzuzählen. Ich habe vor vielen Jahren einen sehr, sehr großen Fehler gemacht. Das weiß ich heute. Doch im Nachhinein ist man wohl immer klüger."
„Das müssen Sie uns erklären.", sagte Kommissar Molander mit einem Blick zum Kaffeetisch. Er war mit drei Tassen angerichtet.
„Genau das habe ich vor.", erwiderte der junge Andersson und bedeutete ihnen Platz zu nehmen. „Tee, Kaffee?"
„Kaffee, schwarz. Danke.", erwiderte Molander.
„Für mich auch. Aber zwei Würfel Zucker dazu, bitte.", antwortete auch Baader.
Mats lächelte, als der den Kaffee aus dem Automaten zog.
„Genau so hat Ann-Kristin ihren Kaffee geliebt. Am Anfang trank sie ihn noch mit fünf Stück Zucker, dann vier, dann drei und bei den zweien ist sie hängen geblieben. Weniger durfte es nicht sein... dann musste sie sich schütteln, wenn sie ihn trank." Er lächelte und stellte den beiden Kommissaren die Tassen hin. „Nun. Stellen Sie ihre Fragen. Ich werde tun, was ich kann, um Sophies Rachefeldzug zu stoppen."
Baader verschluckte sich an seinem Kaffee.
„Sophie?"
„Ja. Sophie. Ann-Kristins eineiige Zwillingsschwester. Hier im Ort kennt sie keiner. Sie war nie hier und erzählt hat Ann-Kristin es auch keinem. Sie hatte nicht wirklich Freunde hier, eigentlich..." Dem jungen Mann stockte die Stimme. „Eigentlich... hatte sie nur mich."
Tränen stiegen ihm in die Augen. Er drehte sich rasch um.
Die DNA der Toten... Ein eineiiger Zwilling, schoss es Molander durch den Kopf. Warum haben wir nicht selbst soweit gedacht?
„Herr Andersson. Bitte... sie müssen uns alles erzählen. Es liegt der Verdacht nahe, dass diesen Männern etwas Schreckliches angetan wurde."
Mats Andersson wischte sich die Tränen aus dem Gesicht.
„Ja. Ja, das habe ich im Dorf gehört. Sophie soll sie mit HIV infiziert haben. Holger... Holger hat nur von dem Racheengel erzählt. Er hat erzählt, dass Ann-Kristin aus dem Grab gestiegen und zurück gekehrt ist, um sich an uns allen zu

rächen. Er habe ihr Gesicht gesehen... den Vampir, der ihn überfallen hat. Da wusste ich sofort, dass es nur Sophie sein kann. Er meinte, ich solle flüchten, die Stadt verlassen... doch wozu? Ich bin schon damals weggelaufen und es war der größte Fehler, den ich in meinem Leben gemacht habe."
Erneut stiegen ihm die Tränen in die Augen.
„Ann-Kristin war HIV-positiv?", hakte Molander nach.
Mats nickte.
„Ja. Ja, sie hat sich infiziert. Damals wusste man noch nicht viel über diese Krankheit. Sie war neu, schlecht bis gar nicht zu behandeln und mit sämtlichen Vorurteilen besetzt, die man sich nur vorstellen konnte. Eine kleine Ehebrecherin sei sie, haben die Freunde meines Vaters mir gesagt. Sie würde mich auch anstecken und dann würden wir beide sterben. Ich solle sie aufgeben. Sie sei das pure Gift, der Abschaum der Gesellschaft. Nur Homosexuelle, Drogenabhängige oder Huren würden diese Krankheit kriegen. Sie sei Dreck, sie sei Abschaum. Sie sei ohnehin schon nur noch eine lebende Tote..."
Bei diesen Worten sackte Mats Andersson auf seinem Stuhl zusammen.
„Ich... ich habe sie reden lassen. Sie haben es ihr genau so direkt ins Gesicht gesagt. Du bist Abschaum. Du bist Dreck. Du bist ja schon so gut, wie tot... Und ich? Ich war nicht für sie da. Ich habe ihr gesagt, ich wüsste nicht, was ich denken sollte und dass ich Zeit bräuchte und dass wir das mit der Hochzeit erst mal sein lassen sollten und dann... dann ist sie von Oldenburg wieder nach Hause, zur Mühle gefahren und dabei... dabei..."
Ihm versagte die Stimme. Baader stand auf und ging zu ihm. Er versuchte ihn zu beruhigen.
„Einige Tage danach hat Sophie mich angerufen. Sie hat geschrien, sie hat geweint. Hat gesagt Ann-Kristin hätte ihr alles erzählt, was die Männer zu ihr gesagt haben. Sie hat ihrer Zwillingsschwester immer alles erzählt."
„Die Männer... Das waren Söhngen, Botten und Fredrich?"
Mats nickte stumm.
„Die drei waren die besten Freunde meines Vaters. Sie haben meine... meine Ann-Kristin in den Tod getrieben. Sophie sagte... sie habe ihr gesagt, dass ich ihr einziger Halt sei....

Sie… sie sagte, dass ich sie getötet hätte. Ich und diese verdammten Freunde meines Vaters. Mein Vater selbst hat auch nichts unternommen, um sie zum Schweigen zu bringen… das ganze Dorf haben sie aufgestachelt. Sophie sagte, ich würde es eines Tages büßen müssen, doch bis heute weiß ich nicht mal, ob Ann-Kristin vor diesen Baum fahren wollte, oder ob es ein Unfall aus lauter Wut und Verzweiflung war. Dass ist die Frage, mit der ich jeden Tag leben darf. Doch letztendlich….“ Er hob den Blick. „Letztendlich macht es keinen Unterschied.“
Mats Andersson schwieg. Er hatte alles gesagt, was es zu sagen gab und die Puzzlesteine schienen sich langsam zusammenzusetzen.
„Mats.“, sagte Molander behutsam. „Mats, sie und ihr Vater sind in großer Gefahr. Wenn Sophie die anderen Männer mit HIV infiziert hat, dann wird sie dies bei Ihnen auch versuchen.“
Mats schüttelte den Kopf.
„Mein Vater kann das Haus nicht verlassen und ich verlasse es im Dunkeln auch so gut wie nie. Wie soll sie uns da erwischen?“
„Ich fürchte, dass diese Frau zu allem entschlossen ist.“
Stumm saßen die drei Männer einen Moment einfach nur da und starrten in das unendliche Schwarz ihres Kaffees.
„Könnten wir wohl mit Ihrem Vater sprechen?“, brach Kommissar Molander schließlich das Schweigen.
„Sie können es versuchen.“, erwiderte Mats. „Mal hat er gute Tage, mal schlechte. Er ist krank, müssen sie wissen… sehr krank….“
„Da würde ihn eine Infektion mit HIV wahrscheinlich noch übler erwischen, als die drei Männer im Krankenhaus.“, warf Baader ein.
Mats Andersson blickte auf und erhob sich. Langsam schritt er zur Treppe, die hinauf in die erste Etage führte. Sein Blick blieb dabei an einem Gemälde hängen, dass einen Mann in seinem Alter zeigte, der ihm gar nicht unähnlich sah.
„Wohl kaum.“, kam schließlich seine Antwort auf Baaders Bemerkung.

Leise war sie auf's Dach hinaufgeturnt. Wenn sie etwas von Kindesbeinen auf konnte, dann war es schleichen und klettern. Niemand hatte früher höhere Bäume erklimmen können als die Zwillinge Ann-Kristin und Sophie Beth. Jeder in der Schule war neidisch gewesen, wenn die beiden in der Krone eines Baumes ihr Eis aßen und weit über das Moseltal hinausblicken konnten. Und niemand anderes konnte so leise schleichen, dass sich selbst die Königin des Schleichens, die Nachbarskatze, ein jedes Mal zu Tode erschrak, wenn die beiden Mädchen sie urplötzlich von hinten am Schwanz zogen.
Sophie spürte, wie ihr bei diesen Gedanken die Tränen in die Augen stiegen, doch noch war keine Schwäche erlaubt. Noch war nicht beendet, was es ein für allemal zu beenden galt.
Leise, wie auf samtenen Pfoten wandte sich der Vampir um... hin zu der Ruhestätte seines vorletzten Opfers, doch des ersten, das durch seine Hand den Tod finden sollte. Sie hatte sorgfältig geübt... die zahmen Rehe im Wildgehege... an ihnen hatte sie geübt, wie sie mit ihrem eigens gefertigten Werkzeug die Stiche setzen musste... Die Zähne in ihrem Mund? Nur schöner Schein... Camouflage zu Ehren Ann-Kristins. Doch getötet hatte sie noch nie. Nichtsdestotrotz wusste sie, dass sie es konnte. Zu lange schon hatte sie den Moment herbeigesehnt.
Ihre Augen huschten, als sie vorwärts schwebte, über all die Geräte, die den alten Andersson umgaben. Offenbar lebte er hauptsächlich noch von und durch die Maschinen. Ein Wunder, dass man bei einem Menschen mit dermaßen geschwächten Abwehrkräften das Fenster offen stehen, beziehungsweise ihn überhaupt zuhause verweilen ließ.
Vorsichtig umrundete Sophie das Bett, den Blick von nun an starr auf den alten Mann gerichtet, der schlafend vor ihr lag.
„Mich kannst du nicht täuschen!", flüsterte sie. „Liegst da wie ein braver, guter alter Herr, der mit Schalmeien und Engelschören in den Himmel aufgenommen werden soll."
Sie beugte sich hinab zu seinem Ohr.
„Ich weiß, wer du bist, Hermann Andersson. Und ich weiß, was du getan hast!"

Mats, Molander und Baader standen vor der Zimmertür des alten Andersson.
„Er ist wirklich sehr krank. Wir wissen nicht, wann es zu Ende geht, aber wir versuchen, es ihm so angenehm wie möglich zu machen. Eigentlich gehört er in ein Krankenhaus. Ich bitte Sie, den Mundschutz anzuziehen. Es mag verrückt erscheinen, angesichts der Tatsache, dass zum Beispiel auch sein Dachfenster offen ist, doch er liebt die Vögel so sehr, wenn sie im Garten singen. Und manchmal, manchmal hört er sogar eine verirrte Möwe schreien und ist glücklich."
Die Männer streiften sich die Masken über. Dann traten sie ein.

Hermann Andersson schlug die Augen auf und blickte Sophie Beth direkt ins Gesicht. Sein Blick suchte den ihren. Er war glasig, doch mit einem Mal klarte er Stück für Stück auf. Erkennen keimte in seinem Gesicht.
„Kristin… Ann-Kristin… Du… Bist du hier, um mich endlich zu holen?"
Die Worte des kranken Mannes waren kaum mehr als ein Wispern. Sophies Hände begannen zu zittern.
„Ann-Kristin… ich wurde lang genug gestraft, für das, was ich dir angetan habe… ich… ich bitte nun um Erlösung… nimm mich mit dir, Ann-Kristin…"
Sophie wollte etwas sagen, doch ihre Lippen waren wie verschnürt. Kein Wort brachte sie darüber hinweg.
„Ich war töricht, Ann-Kristin… Du hast mir vertraut… Mats hat mir vertraut… Ich habe ihm versprochen… ich würde auf dich acht geben…. Wie… wie lange ist es jetzt her?"
„Dreiundzwanzig Jahre, einen Monat und einen Tag!", presste Sophie hervor. „Es war Halloween-Feier im Schützenhaus. Mats hatte… hatte eine Prüfung… er war nicht da… er… er wusste wie gern Ann-Kristin mit ihm feiern wollte… sie hatte sogar ein Kostüm…"
„Ja… du warst die hübscheste… Frau am ganzen Abend…. Jeder hat dich bewundert… vor allem Sven… den hübschen, unnahbaren Vampir… doch ich… nur ich durfte dich nach Hause bringen… meine Schwiegertochter in spe…. Wir… wir haben getrunken…. Ich… ich musste dich fast nach Hause tragen… und dann…."

„ICH WEISS, WAS DANN GESCHEHEN IST!"
Sophie hatte die letzten Worte geschrien.
Sie blickte auf. Mats und zwei weitere Männer hatten in diesem Augenblick das Zimmer betreten. Augenblicklich zogen die beiden Männer ihre Waffen.
„Zurück! Gehen Sie weg von ihm!", rief ihr der ältere der beiden zu.
Tränen rannen über ihr Gesicht. Schluchzend beugte sie sich vor.
„Sie sollen zurückgehen!", schrie nun auch der andere.
„Sag es!", flüsterte sie. „Erzähl ihnen, was mit Ann-Kristin passiert ist."
„Du... du warst so wunderschön an dem Abend... du hattest viel... viel zuviel getrunken... du glaubtest... ich sei Mats."
Mats trat einen Schritt vor.
„Was redest du da, Vater?"
„Ich war damals schon infiziert, doch... man sprach nicht darüber... man tat besser daran... den Mund zu halten... Ich... ich war betrunken... und ich hab... an nichts denken können, außer an dich... den schönen... Vampir...."
Entgeistert starrte Mats seinen Vater an.
„Du...?", keuchte er. „Du hast sie infiziert? Du warst es und hast trotzdem bei dieser öffentlichen Hexenjagd mitgemacht?"
„Was sollte ich tun... dir sagen, dass ich mit deiner Verlobten... nein... das konnte ich nicht... und auch den Männern konnte ich es nicht sagen... Sie wussten von Ann-Kristin durch Holgers Frau... sie arbeitete im Krankenhaus... sie wollte dich schützen... Mats."
„MICH SCHÜTZEN?", Mats Stimme überschlug sich. Heiße Tränen rannen über sein Gesicht. „Wovor zur Hölle wolltet ihr mich schützen? Vor meinem eigenen Vater, der mit seiner Herumhurerei nicht mal vor seiner eigenen Schwiegertochter Halt macht? Mutter sagte, du würdest dich niemals ändern, doch..."
Mit einem Mal stürzte Mats vor und griff nach einem schweren Leuchter auf dem Sims hinter dem Kopfende des Bettes.
Die Kommissare waren zu verblüfft, um schnell genug zu reagieren.

Sophie hingegen war blitzartig zur Stelle und packte Mats Arm. Es kam zu einem Handgemenge, in welchem schließlich Molander Mats und Baader Sophie vom Bett wegzog.
„Du wirst noch ewig auf deine Verzeihung warten müssen.“, fauchte Sophie dem alten Mann zu, dessen Blicke nun wieder an ihr hefteten. „Ich verachte dich und wünsche dir noch ein langes, qualvolles Leben, bevor du dann noch früh genug in der Hölle schmoren wirst.“
„Es reicht!“
Molander zerrte Mats aus dem Raum und Baader folgte ihm mit Sophie.
„Handschellen. Alle beide! Ich rufe Verstärkung und jemanden, der sich um Hermann Andersson kümmert.“
Baader nickte.
Molander brachte Sophie zum Wagen, während im Haus Baader den jungen Andersson in Schach hielt. Vom Auto aus, informierte er über Funk die Kollegen über die neuerliche Situation.
Während er auf die Streife und den Rettungswagen wartete, die Sophie Beth und Hermann Andersson abholen sollten, wandte er sich zu der bleich geschminkten Frau auf dem Rücksitz um.
„Ist es wahr? Haben Sie die drei Männer mit HIV infiziert? Und haben Sie es allen Menschen hier im Ort erzählt?“
Sophie Beth entblößte ihr Gebiss mit den falschen Zähnen zu einem breiten Grinsen.
„Herr Kommissar, es tut mir leid… aber ich fürchte für die nächsten drei Monate werden diese drei Inquisitoren für ihr Leben beten und hoffen müssen, dass diesmal keiner die Hexenjagd auf sie eröffnet.“

Hinter deiner Stirn

Du blickst so still, geliebtes Herz.
Nie werd ich dich ergründen.
Wie viel Geheimnis fließt in dir,
um dann in deine Seel zu münden?

Du bleibst auf ewig rätselhaft.
Erkenn dich nicht, nur Firn!
Ich blickte dir ins Aug, so tief,
doch nie, nie hinter deine Stirn.

Genua, 3. Juli 2010, Foyer

„Als hätten sie in ihrem Leben noch nie ein Glas Sekt getrunken!"
James Murrey stand mit Hendrik Aalbeck, einem frischgebackenen Steward in einer langen Reihe von strahlend weißen Uniformen. Er betrachtete belustigt, durch die getönte Glasscheibe der Eingangstür der MS Diva Marlene, das kämpferische Treiben der Passagiere am Pier, die sich um einen Tisch drängten, an dem zur Begrüßung Freisekt ausgeschenkt wurde. James strich sich über das bereits lichter werdende Haar, wie er es immer tat, wenn ihn etwas beschäftigte.
Hendrik blickte James von der Seite an. „Schon ein komisches Gefühl, wenn man bedenkt, dass wir heute das letzte Mal hier stehn!"
James nickte. „Tja, irgendwann ist halt mal Schluss!" Er wollte es sich nicht anmerken lassen, wie sehr es ihm zusetzte, dass die gute alte Diva Marlene, einst der ganze Stolz der Flotte, nach dieser Reise außer Dienst gestellt werden sollte. Sie war eine echte Grande Dame der Hochseeschifffahrt, deren Reiz eher in nostalgischem Charme als in modernem Luxus lag.
Neununddreißig Jahre war James jetzt alt, und davon hatte er acht auf diesem Schiff gedient. Eine verdammt lange Zeit, in der die Diva zu seinem Zuhause geworden war.

Rufe der Empörung drangen vom Sekttisch herauf, als eine auffällig gekleidete Dame, mit einer echten Rubensfigur, dabei war sich ihr Glas nachschenken zu lassen.
„Was ist das denn da für eine Planschkuh?“ Das ausladende, bunte Hinterteil der Frau schwang hin und her, als diese nun schon zum dritten Mal ihr Glas unter die Flasche hielt.
Mahnend schaute James auf Hendrik. Leider hatte der junge Mann die Tapsigkeit eines Jagdhundwelpen noch nicht abgelegt. Es fehlte ihm, auf Grund seiner Jugend, noch an Erfahrung und einer gehörigen Portion Benehmen. Aber James hatte eine Vision von dem Steward, der Hendrik eines Tages sein würde und deshalb beschlossen, ihn unter seine Fittiche zu nehmen.
James selbst war auf den ersten Blick eine eher unauffällige Erscheinung. Er hinterließ jedoch durch seine wache Aufmerksamkeit, seine formvollendeten Manieren und seine unverwüstliche Höflichkeit bei den Gästen diesen ganz besonderen Eindruck, den man eigentlich nur von einem Butler auf der Leinwand kannte.
„Das da?“, sagte James. „Das ist Frau Ekkelhoff. Mit der werden wir sicher wieder viel Spaß haben.“ James swimmingpoolblaue Augen blitzten verschmitzt. „Sie ist ein absolutes Unikum. Vor ein paar Jahren hat sie eine ganze Flasche Whisky ausgetrunken und ist danach splitterfasernackt...“
Noch bevor James weiter berichten konnte, welchen Exzessen sich Frau Ekkelhoff, in Folge ihres übermäßigen Alkoholkonsums, hingegeben hatte, strömten die ersten schwer atmenden Passagiere die Gangway hinauf.

„Achtung, sie kommen!“ Hendrik schob schwungvoll die Tür auf.
„Volle Energie auf die Schilde!“, lachte James und ging hinaus um einer zierlichen, kleinen Dame, in einem silbergrauen Stricktwinset, in den Bauch der Diva Marlene zu helfen.
Während sie von James an die Rezeption geleitet wurde, machte sie eine vornehme Bewegung, um ihren praktischen Haarknoten im Nacken zu richten.
„Junger Mann, hat alles mit unseren Kabinen geklappt? Wir haben vier Stück reserviert, alle auf Deck 8. Das ist doch ganz

oben, nicht wahr?", begann sie gleich zu schwatzen, wie es ältere Damen gerne taten. James blickte in die Pässe, die sie ihm, nach kurzen Nachforschungen in ihrer Handtasche, überreicht hatte.
„Karl und Lieselotte Arnold. Herzlich willkommen an Bord!" Er studierte eine Liste, die auf dem Tresen der Rezeption lag und las vor. „Sie haben die Suite Nummer 842, genau wie Sie es bestellt hatten."
„Wissen Sie, es kommen noch mehr von uns. Die ganze Familie reist mit mir. Ist das nicht nett?" Ihre Wangen waren vor Aufregung leicht gerötet. „Ich bin in meinem ganzen Leben noch nie so weit gereist. Natürlich bin ich in meiner Jugend hier und da mal ein bisschen herumgefahren, mit dem Auto. Aber nie ins Ausland. Meine Kinder haben mir zum Geburtstag einen Lottoschein geschenkt und jetzt raten sie mal, was passiert ist?" Erwartungsvoll blickte sie James an, wie ein Kind das nur darauf brennt, ein Geheimnis zu enthüllen.
„Sie haben gewonnen", folgerte James.
„Ja richtig!", rief sie begeistert. „Ich habe tatsächlich den Jackpot geknackt. 21 Millionen! Ein Pärchen aus Mecklenburg- Vorpommern hat auch gewonnen. Wir haben uns den Gewinn geteilt. Man soll ja nicht gierig sein. Über 10 Millionen sind doch wirklich mehr als genug. Finden Sie nicht?"
„Na, da gratuliere ich Ihnen aber", sagte James wohlerzogen.

Plötzlich tauchte ein kleiner, drahtiger Mann mit einer ungesunden Gesichtsfarbe und einem abgenutzten Anzug, hinter der freundlichen älteren Dame auf. James schätzte ihn so ungefähr auf 70 Jahre. Unwillig blaffte er sie an: „Da bist du ja Lieselotte. Wieso rennst du denn einfach weg?"
Vielleicht hätte sie ihrem Mann für die vielen Millionen mal einen neuen Anzug kaufen sollen, dachte James der sofort den verheirateten Ton des Herrn erkannte.
„Karl, ich wollte nur schon mal die Formalitäten erledigen. Wo sind denn Gertrud, Margitta und Oliver?"
„Die schlürfen noch draußen am Schampus. Ich möchte nur mal wissen, was alle immer um das Zeug für ein Theater machen. Kriegt man eh nur Kopfschmerzen von!"
„Ach, lass sie doch, wenn es ihnen Spaß macht!"

James reichte ihnen ihre Kabinenkarten. „Möchten Sie eventuell ein paar Informationen über unsere Landausflüge?“ sagte er und griff zu einem Stapel mit Faltblättern.
„Nein, wir wollen keine Ausflüge machen. Das kostet alles zu viel Geld. Ich bin hier auch nicht zu meinem Vergnügen. Ich tue nur meiner Frau einen Gefallen!“
Manche Menschen haben eine komische Vorstellung von Gefallen, dachte James.
„Mir können Sie eine Broschüre geben“, sagte Lieselotte und vertiefte sich sofort mit großem Interesse in die Lektüre, während ihr Mann unwillig das ihm vorgelegte Anmeldeformular auszufüllen begann.

James überließ die beiden Herrschaften der Concierge und gesellte sich zu Hendrik, der gerade mit höchst interessiertem Blick ein soeben eingetroffenes Pärchen betrachtete.
„Wieso kriegen eigentlich immer die größten Kotzbrocken die tollsten Frauen?“, flüsterte Hendrik James zu.
„Das weiß ich auch nicht, ich denke das ist eine Art Naturgesetz...“, der Rest des Satzes blieb ihm im Halse stecken.
Im Foyer stand, ein wenig verloren zwischen älteren Herrschaften, eine attraktive Frau, Ende zwanzig, deren rabenschwarzes, lockiges Haar sich über die Stola ihres blassrosa Sommerkleides ergoss. Mit einem leicht verwunderten Ausdruck in ihren dunkelbraunen Augen betrachtete sie melancholisch die fadenscheinige Auslegeware. James schoss das Blut in den Kopf.
Eleonore Stern, seine Eleonore! Was machte sie denn hier? Er hätte nie geglaubt, dass er sie je wiedersehen würde. Heute noch ärgerte er sich, dass er damals, vor vier Jahren, nicht den Mut gehabt hatte sie anzusprechen.
„Scharf, was?“ Hendrik stierte geradezu schamlos auf den wohlgeformten Busen der jungen Frau, die wie ein frisch gepflückter praller Pfirsich in einem Korb Fallobst wirkte.
Hendrik reagierte wie immer schnell, zu schnell für James. Forsch marschierte er auf die junge Frau zu. Ganz der Steward von Welt sagte er: „Herzlich willkommen auf der MS

Diva Marlene. Darf ich fragen, sind Sie zum ersten Mal auf diesem Schiff?“
Eleonore warf einen besorgten Blick auf ihren Begleiter, einen hochgewachsenen Mann Mitte dreißig, der, obwohl er sich größte Mühe gab jugendlich zu wirken, einen für sein Alter schon recht verlebten Eindruck machte.
Alkohol, wenig Schlaf und ein riesiger Minderwertigkeitskomplex. Hat was von ’nem Zuhälter, dachte James, der die Szene aus der Ferne beobachtete.
„Ja, ich bin schon einmal auf diesem Schiff gefahren. Ich war als Sängerin engagiert. Wir fuhren von... Moment lassen Sie mich nachdenken...“
„Als Sängerin. Wie schön! Wie lange ist das denn schon her?“
Hendrik schickte einen verwunderten Blick zu James hinüber, als wollte er fragen: Kennst du sie etwa?
„Ich denke, das war vor drei Jahren... oder waren es vier?“ Die junge Frau lächelte unsicher.
„Das ist ja nun Gott sei Dank vorbei, diese brotlose Rumtingelei. Wenn wir erst mal verheiratet sind, dann brauchst du sowieso nie mehr zu arbeiten. Nicht wahr, Schatz?“, mischte sich ihr Zuhälterfreund ein.
„Oliver, ich habe nie gesagt, dass ich nicht mehr singen werde. Ich mache nur eine Pause“, begehrte sie zaghaft auf.
„Na, Hauptsache die Pause ist lange genug, dann ist es mir egal, wie du es nennst! Gib mal deinen Reisepass her.“
Lässig schlenderte er auf seinen 400- Euro- Oxfords zur Rezeption, an der seine Mutter Lieselotte immer noch stand und sich angeregt mit der geduldigen Concierge unterhielt. Oliver warf seinen Eltern einen leicht verächtlichen Blick zu und händigte James, der nun wieder an den Tresen herangetreten war, die Pässe aus.
Mit einem steifen Lächeln überreichte James ihm seine Kabinenkarten.
„Der Magnetstreifen muss immer hinten rechts sein...“, erklärte er höflich.
Während Oliver Arnold, mit schnellen Strichen, die Buchstaben auf das Anmeldeformular warf, sagte er: „Ich komm schon zurecht oder sehe ich vielleicht wie eine von diesen senilen Omis aus, die noch nie im Leben eine Hoteltür aufgemacht haben?“

„Nein, ganz und gar nicht. Kann ich sonst noch etwas für Sie tun?“
Oliver ignorierte die Frage, schnappte sich seine Kabinenkarten und drehte sich um. Er sah, dass Hendrik sich angeregt mit seiner Freundin unterhielt. In drei Schritten war er bei ihr, packte sie am Arm und zog sie mit sich zum Aufzug. Ohne Widerstand ließ sie es geschehen. James blickte den beiden nachdenklich hinterher.

„So, da sind wir Lieselotte!“ Margitta Mancini, eine dralle, patente Frau, am Arm eines Südländers, der ganz dem Klischee des kleinen Mannes mit übergroßem Selbstbewusstsein entsprach, tauchte an der Rezeption auf.
Ihnen folgten Gertrud und Gregor Hallstädt. Ein sehr ungleiches Paar. Er, ein hoch aufgeschossener Mann mit staubtrockener Ausstrahlung und Goldrandbrille, und sie, eine verhuschte Frau mit einer aufgeplusterten Dauerwelle, in einem völlig verunglückten maritimen Hosenanzug.
Hat was von Popeye! James zog leicht eine Augenbraue in die Höhe.
„Margitta, Gertrud da seid ihr ja!“ Liselotte betrachtete ihre beiden fast 40- jährigen Töchter immer noch mit dem Ausdruck einer Mutter die sich um zwei Teenager sorgt.
„Kinder, habt ihr eure Pässe? Wir legen gleich ab. Das will ich nicht verpassen. Ist es nicht alles wunderbar hier?“
„Ja, ja alles ganz toll!“, brummte Gregor Hallstädt, mit einem Seitenblick auf den alten Karl Arnold, der immer noch mit grimmiger Miene hinter Lieselotte stand.
Gregor zog die Ausweise aus seiner Innentasche und drückte sie seiner Frau Gertrud in die Hand.
„Trudchen, kümmer’ du dich drum. Ich gehe mit Francesco an die Bar. Ich brauche dringend was zu trinken.“
Er nickte seinem Schwager, dem kleinen Italiener, zu. Gertrud blickte ihren Mann an wie ein Mensch, der gerade seinen Anschlusszug verpasst hatte.
Margitta legte ihr liebevoll einen Arm um die Schulter.
„Nimms nicht so tragisch. Männer sind doch nie zu irgendwas zu gebrauchen.“
„Äh, Momendte male!“ beschwerte sich sofort Francesco.

„Oh, natürlich. Eine Sache gibt es da schon, nicht wahr mein Lieber?“, gab Margitta vielsagend zurück und küsste ihn herzhaft auf den Mund.

Karl Arnold hieb mit der flachen Hand auf den Tresen, dass alle zusammenzuckten. „Mir reicht's, ich will jetzt nach oben in meine Kabine.“ Er wandte sich an James. „Junger Mann, wo geht's lang?“ James nickte der Concierge zu, die sofort die übrigen Pässe der Familie Arnold entgegennahm.
„Wenn Sie mir bitte folgen wollen?“ James deutete, mit einer höflichen Geste, in Richtung Fahrstuhl.
„Ich laufe!“ Halsstarrig blickte Karl Arnold James an.
„Denk an dein Herz. Der Arzt hat gesagt, du sollst dich schonen!“, kam es besorgt von Lieselotte. Sie blickte auf die Uhr. „Und deinen Zucker müssen wir auch gleich kontrollieren.“
Karl Arnold drehte sich mit einer Behändigkeit um, die man ihm gar nicht zugetraut hätte und blickte böse in die Runde „Ach Quatsch. Schonen hin, schonen her. Ihr seid doch alle froh, wenn ich so schnell wie möglich abkratze!“
Im Foyer herrschte betretenes Schweigen.
„Niemand will, dass du stirbst...“, sagte Margitta impulsiv, verstummte aber, als von den Umstehenden keine Zustimmung kam. Endlich erlöste ihre Mutter Lieselotte sie von ihren Qualen.
„Natürlich will das niemand. Was du dir immer einbildest. Geh nach oben, ich komme gleich nach. Ich möchte nur mal kurz aufs Sonnendeck und einen Blick auf die Stadt werfen.“
„Soll ich Sie begleiten?“, erbot sich Hendrik.
„Nein danke, ich finde mich schon allein zurecht.“
„Macht doch alle, was ihr wollt!“, zischte Karl. Er drehte sich um und stieg so schnell die Treppe hinauf, dass James Mühe hatte ihm zu folgen.

Deck 8

Sie liefen gemeinsam den langen schmalen Gang auf Deck 8 entlang. Karl voraus und James hinterher. Die reichen Ornamente des Teppichs waren auch hier den vielen Füßen zum Opfer gefallen. An den Wänden rechts und links zog sich

der glänzende Messinghandlauf, der schon so manchem Gast bei rauer See Halt gegeben hatte.
„Wo ist denn nun die Kabine? Dieses Schiff ist ja das reinste Labyrinth. Wer soll sich denn da zurechtfinden?“
„Wir sind gleich da. Es ist die Tür ganz am Ende des Flurs! Der Weg ist zwar etwas weiter, aber dafür haben Sie auch nur auf einer Seite Nachbarn.“ James bemühte sich, Optimismus zu verbreiten. Eine vergebliche Mühe, denn Karl Arnold war absolut nicht gewillt, sich in eine frohe Stimmung versetzen zu lassen.
„Wo geht es denn da hin?“, brummte er und deutete auf eine Tür ganz am Ende des Ganges mit einem Bullauge in der Mitte, durch das man den blauen Himmel über Genua sehen konnte.
„Dort geht es auf das Sonnendeck. Sollen wir kurz einmal hinausschauen?“
„Ich denke, das sollten wir tun. Schließlich muss ich ja wissen, wo es nach draußen geht, wenn dieser ganze Kahn hier absäuft!“
Sie gingen an der Kabine der Arnolds vorbei und steuerten auf die Tür mit dem Bullauge zu.

Plötzlich und unvermittelt blieb Karl Arnold stehen. James musste scharf bremsen, sonst wäre er über ihn gefallen. Stocksteif stand der alte Mann da, die Hand, die er auf das kühle Messing gelegt hatte, zitterte. Er gab einen röchelnden Laut von sich. Für einen Moment dachte James, Karl Arnold würde zusammenbrechen. Doch dann bemerkte er, dass dieser auf ein Bild starrte, das in einem schlichten goldenen Rahmen direkt neben der Tür an der Wand hing.
Das Gemälde zeigte das Porträt einer jungen Frau mit rötlichblonden Haaren. Sie stand in einem langen Sommerkleid, das ihre wunderbaren Kurven betonte, auf einem Feldweg in einer typisch norddeutschen Landschaft. Hinter ihr breitete sich eine üppig blühende Wiese aus, und am Horizont war ein kleiner Ort mit einem viereckigen Glockenturm zu sehen. Das Mädchen war keine überragende Schönheit, aber sie hatte etwas aufreizend Unwiderstehliches an sich. Die Farben ihres Kleides, ihre helle Haut machten sie zu einem Teil der Landschaft.

Einzig ihr Blick, er war nicht zu fassen, so als stünde eine unausgesprochene Frage im Raum. Der Maler hatte etwas Perfektes eingefangen und ihm dann einen winzigen Makel verliehen, um den Betrachter zu fesseln und ihm Rätsel aufzugeben.
„Gefällt Ihnen das Gemälde?“, unterbrach James die Stille. „ Ich gebe zu, auch ich bin jedes Mal fasziniert, wenn ich es sehe. Dieser Ausdruck in den Augen dieser jungen Frau, so geheimnisvoll, so melancholisch... An was sie wohl denkt?“
James trat näher an das Bild. „So weit ich weiß, stammt es von einem unbekannten Maler aus dem norddeutschen Raum. Ich habe mir vor kurzem erlaubt, es von der Wand zu nehmen. Auf der Rückseite steht: Wardenburg 1972- A. F. Aber wer dieser A.F. war? Ich weiß es nicht.“
Herr Arnold starrte immer noch wie gebannt auf das Bild. Als er sprach, war seine Stimme tonlos. James lief ein Schauer über den Rücken.
„Ich kenne dieses Bild. Es heißt Hinter deiner Stirn, und AF war einmal mein bester Freund. Er hieß Arne Friedrichsen.“
„Was heißt hieß? Lebt er nicht mehr?“
„Er ist verschwunden. Sein Berliner Atelier ist im Herbst 72 abgebrannt, bis heute weiß niemand was aus ihm geworden ist. Er hatte Schulden. Wir haben damals vermutet, dass irgendjemand wollte, dass er seine Rechnungen bezahlt... “ Er brach ab.
Auf einmal war es, als hätte sich eine Wolke vor die Sonne geschoben und die Szene in eine düstere, bedrohliche Atmosphäre getaucht. Es war ganz still, nur leise hörte man das Stöhnen des Schiffes.
Um die beklemmende Spannung etwas zu lösen, lachte James laut auf, aber es wollte ihm nicht auf natürliche Weise gelingen.
„Das gibt’s doch nicht! Wissen Sie, dass ich mich sogar darum bemüht habe, es zu kaufen, wenn das Schiff jetzt abgewickelt wird? Ich kann es gar nicht glauben. Hunderte von Gästen sehen pro Reise dieses Bild und ausgerechnet Sie wissen, wer es gemalt hat. Das ist ja ein unglaublicher Zufall! “
Herr Arnold blickte James streng in die Augen und in seiner Stimme lag Verbitterung: „Mein lieber Freund. Im Leben gibt es keine Zufälle. Merken Sie sich das! Ich, an Ihrer Stelle,

würde es mir gut überlegen, dieses Bild zu erwerben. Es hängen keine guten Erinnerungen daran."
„Oh, machen Sie sich um mich keine Sorgen. Die junge Frau wird doch wohl nicht von der Leinwand steigen und etwas... Unanständiges tun?", scherzte James.

Herr Arnold holte seufzend Luft, um etwas zu sagen, aber in diesem Augenblick flog die Tür auf. Liselotte Arnold kam fröhlich hereingesegelt. Das Bild verschwand hinter der Tür, und sofort war der dunkle Bann gebrochen. Es herrschte wieder diese unbeschwerte Urlaubsstimmung, ganz wie es sich für eine Kreuzfahrt gehörte.
„Wir haben abgelegt. Wir fahren. Oh, es ist einfach herrlich!", flötete Lieselotte vergnügt. „Aber jetzt werde ich mich gleich ans Auspacken machen. Ist das unsere Kabine? Ob Sie wohl so nett wären, mir die Koffer aufs Bett zu legen? Sie sind mir ein wenig zu schwer. Was man alles mitschleppt. Das meiste davon braucht man am Ende doch nicht!" Sie lachte, während sie ungeschickt mit der Zimmerkarte am Türschloss herum fuhrwerkte. James bemerkte ihren zierlichen Nacken in dem sich kleine, weißblonde Strähnen kräuselten. Sie muss früher mal eine schöne Frau gewesen sein!
Er trat hinzu und half ihr, die Tür zu öffnen.
„Vielen Dank junger Mann. Sie sind ganz besonders nett!" Mit diesen Worten flatterte Lieselotte in die Kabine. Karl Arnold folgte ihr, und James glaubte, in seinen Augen einen Ausdruck von Besorgnis wahrzunehmen. Oder war es sogar Angst?
James hob die Koffer wie gewünscht aufs Bett und danach verließ er die Kabine. Auf dem Gang kam ihm Frau Ekkelhoff entgegen. Schnell bog er ins Treppenhaus ab.

Sonnendeck

Margitta Arnold saß im Außenbereich des Kaffeesalons und räkelte sich genüsslich in der Sonne. Neben ihrer Tasse stand ein geleertes Sektglas. Für einen kurzen Moment war Margittas Welt in Ordnung. In ihrer Vorstellung fühlte sie sich wie eine dieser reichen schönen Frauen, die den ganzen Tag nichts anderes taten, als gelangweilt Champagner zu trinken.

Tief und zufrieden holte sie Luft und öffnete blinzelnd die Augen, um nach einem Kellner Ausschau zu halten, als plötzlich ein Schatten auf sie fiel und sie, die wie immer leicht weinerliche, vorwurfsvolle Stimme ihrer Schwester Gertrud vernahm.

„Hier bist du ja, ich habe dich schon überall gesucht!"

„Hallo Trudi, komm setz dich. Willst du ein Glas Sekt?"

„Nein, mir brummt der Schädel und ich habe die Tabletten vergessen. Hast du welche?"

„Natürlich! Wozu hab ich eine Apotheke? Aber trink einen Kaffee, der bringt den Kreislauf wieder in Schwung!" Sie winkte, und Hendrik, der auf der Terrasse bediente, trat eilfertig an den Tisch.

„Meine Schwester braucht einen starken Kaffee."

„Kommt sofort!", sagte Hendrik galant und machte sich auf den Weg zu einem Tisch in unmittelbarer Nähe, auf dem mehrere Kannen Kaffee, Kuchen aller Art, Teller und Tassen standen.

„Hast du schon mit Karl gesprochen? Ich gebe zu, ich habe mich noch nicht getraut." Margitta machte ein gespielt ängstliches Gesicht und angelte sich von der Etagere des Nachbartisches eine kleine runde Trüffelpraline. Gierig schob sie sich den kleinen Kalorienball in den Mund.

Gertrud blickte missbilligend, erst auf ihre kauende Schwester und dann auf die leere Etagere auf ihrem eigenen Tisch.

„Du und nicht getraut. Das sind ja ganz neue Töne! Du hast ja noch nie ein Blatt vor den Mund genommen." Entschlossen stellte sie sich ihre Tasche auf den Schoß, holte eine Tüte heraus und kramte darin herum. „Hach nein! Ich habe eine Stricknadel verloren", rief sie ärgerlich.

Margitta sprach mit vollem Mund. „Wenn wir bloß nicht letztes Jahr in diesen Aktienfond investiert hätten. 200.000 einfach futsch. Ich dachte schon, Francesco stürzt sich von der nächsten Brücke."

„Wir könnten von Lieselottes Geld auch sehr gut etwas gebrauchen", bemerkte Gertrud vorwurfsvoll. „Gregor hat mir gesagt, die Klinik braucht dringend Geld für ein neues CT-Gerät. Wenn Karl nicht wäre... Sein ewiges: Soziale Gerechtigkeit ist oberstes Gebot! Wir sind alle ein Teil der

Gesellschaft. Wir tragen alle Verantwortung, bla bla bla. Ich kann's nicht mehr hören. In erster Linie tragen wir doch Verantwortung für uns selbst. Was ist denn schon dabei sich ein sorgenfreies Leben zu wünschen? Wir sind seine Kinder, seine Familie. Sind wir denn gar nicht wichtig?"
„Gertrud, das haben wir doch schon tausendmal durchgekaut! Für ihn sind wir eben nur auf der Welt, um sie zu verbessern. Wenn's nach ihm ginge, würden wir alle, wie er damals in Berlin, in einer Kommune leben und alles ginge in einen Topf!"
„Warum kapiert er nur nicht, dass diese Zeiten vorbei sind?"
„Wer weiß, was in diesen Wohngemeinschaften abgegangen ist? So von wegen freier Liebe und so, da hat doch jeder mit jedem..."
„Margitta, du bist geschmacklos!"
„Wieso? Wenn man es von diesem Standpunkt aus betrachtet, hat Karl in seiner Jugend bestimmt mehr Spaß gehabt als wir." Gertrud senkte die Stimme. „Glaubst du, dass Lieselotte auch in so einer WG gewohnt hat?"
„Natürlich, was denkst du denn. Mama war auch mal jung! So weit ich weiß, war sie mal schwer in einen Künstler verliebt, und dann hat sie aber doch Karl geheiratet. Wahrscheinlich der größte Fehler ihres Lebens..."
„Na, du weißt ja, wenn Karl was will, dann kriegt er es auch." Gertrud stopfte unverrichteter Dinge die Tüte mit ihrem Strickzeug wieder in die Tasche.
„Also, was ist nun! Reden wir mit Karl oder nicht?"
„Ich finde, wir sollten ihm noch einen Tag Zeit lassen, um sich an alles hier zu gewöhnen. Wer weiß, in 24 Stunden kann viel passieren..."
„Der Kaffee ist fertig!" Strahlend stand Hendrik mit einem Tablett vor ihnen.

Salon Liliane

Für ihre Teatime war die MS Diva Marlene weithin berühmt. Die Stewards trugen weiße Handschuhe, die Kuchenauswahl war exquisit, und es gab zwanzig verschiedene Teesorten. James stellte elegant zwei Kännchen Darjeeling und eine Etagere mit Gebäck und Sandwichs vor Herrn und Frau Arnold ab, die es sich auf einem großen, weißen Rattansofa im englischen Kolonialstil bequem gemacht hatten. Er goss den Tee in die dünnwandigen Porzellantassen und bezog dann wieder seinen Posten direkt hinter ihnen am Kuchenbüfett.

Herr Arnold warf mit Schwung drei Stückchen Zucker in den Tee, dass es nur so spritzte.

„Du verstehst doch, dass wir diese Millionen nicht behalten können, Lieselotte?“

James spitzte die Ohren.

„Aber ja, mein Lieber!“ Lieselotte verrührte vorsichtig die Milch in ihrer Tasse.

„Es ist kapitalistisches Geld. Schlimm genug, dass die Kinder dir diesen albernen Lottoschein geschenkt haben aber, dass du auch noch gewinnen musst... das ist, wie soll ich sagen... es grenzt an Verrat.“ Er sagte dies so vorwurfsvoll, als wäre es böse Absicht von Lieselotte gewesen, den Jackpot zu knacken.

„Ich kann doch nichts dafür, dass ich gewonnen habe. Es ist reiner Zufall gewesen.“

„Du hättest das Geld ja nicht annehmen müssen.“

„Ich hatte doch keine Wahl. Die vielen Reporter, die Zeitungen, das Fernsehen. Alle wollten sehen, wie ich mich freue. Aber reg dich nicht auf! Ich werde, sobald wir von dieser Reise zurückkehren, das Geld spenden, so wie wir es ausgemacht haben.“

„Wenn ich mich bloß nicht zu diesem ganzen...“, er blickte im Raum herum „... Klimbim hätte überreden lassen. Was das alles kostet!“

„Du musst es ja nicht bezahlen“, sagte Liselotte nun langsam leicht genervt.

„Da hast du Recht, aber die vielen Menschen, deren Spende nun durch unsere Prasserei geschmälert wird, die bezahlen diesen Luxus.“ Er spuckte das Wort „Luxus“ angewidert in ihre Richtung.

Lieselotte atmete tief durch. Wenn es um die Gerechtigkeit auf dieser Welt ging, war mit ihrem Mann kein vernünftiges Wort zu reden.

„Es ist doch nur eine Reise. Wir sind noch nie verreist, und den Kindern macht es auch so viel Freude...“

Eure Probleme möchte ich haben. James schüttelte fast unmerklich den Kopf.
„Versuch doch bitte es zu genießen, mir zu Liebe“, setzte sie versöhnlich hinzu, wusste aber, dass es sinnlos war. Frustriert nahm sie ein Stück Kuchen, obwohl sie eigentlich gar keinen Hunger hatte.

Plötzlich, wie aus dem Nichts, stand Eleonore vor ihnen.
„Hier sind die Reisetabletten, die du wolltest. Ich glaube, es wäre ratsam jetzt gleich eine einzunehmen. Der Bordarzt hat gesagt, wenn einem erst mal richtig übel ist, ist es meistens zu spät.“ Sie überreichte Liselotte eine Tablettenschachtel.
„Ich danke dir. Weißt du, wann das Abendessen beginnt?“
„Wir haben uns doch für die spätere Zeit eingetragen... 20 Uhr 45 glaube ich!“
Eleonore blickte sich hilfesuchend um. James nickte ihr zu. „Ja! 20 Uhr 45“, wiederholte sie.
Laut sagte Karl: „Na, da haben wir ja noch ordentlich Zeit, die Reise zu genießen!“
Dieser Mann ist ja ein echter Sonnenschein. James spürte ehrliches Mitleid mit Lieselotte und vor allem mit Eleonore.
„Setz dich doch zu uns, wenn dir unsere Gesellschaft nicht zu eintönig ist!“ Lieselotte rutschte ein wenig zur Seite, und die junge Frau setzte sich. „Oliver wollte auch gleich wieder kommen. Er hat dich schon vermisst. Er sagte, er will etwas Wichtiges mit dir besprechen.“
Hatte es sich Eleonore nur eingebildet, oder war da tatsächlich ein gewisser Unterton in Lieselottes Stimme, der wie ein leichter Tadel klang?
Die Tür ging auf, und Margitta und Gertrud gesellten sich zu der Runde.
Karl Arnold machte ein missbilligendes Geräusch und sagte schroff: „Gut, dass wir jetzt endlich die Tabletten haben. Dieses Gewackel macht mich wahnsinnig!“
Tja, für manche Menschen ist es die größte Strafe, mit denen zusammen zu sein, die sie lieben, dachte James.

In diese leicht angespannte Atmosphäre platzte auf ihre schrille Art Frau Ekkelhoff. Mit ihrer

parfümgeschwängerten Aura kam sie James unangenehm nahe.
„James, mein Lieber, wann erhören Sie mich endlich? Wenn du wüsstest, was du verpasst. In meiner Jugend, in Berlin, war ich eine ganz heiße Nummer. Ich habe Künstlern Modell gestanden. Ich war eine Muse!“ Frau Ekkelhoff hatte die Angewohnheit, James mal zu siezen und mal zu duzen, ganz wie es ihr gerade in den Kopf kam. Sie schüttelte sich vor Lachen, so dass ihr Doppelkinn nur so wackelte.
Plötzlich hielt sie inne und ihr Blick schien weit in die Vergangenheit zurückzuschweifen. „Ja, damals... war ich sehr glücklich!“ Sie machte den Eindruck, als wollte sie gleich ein paar Tränen vergießen.
„Wissen Sie, James, wahre, große Liebe ist unerfüllte Liebe!“ Immer wieder überraschte Frau Ekkelhoff James mit einer unerwarteten Tiefgründigkeit.
„Warum bist du nur so gut erzogen?“ Sie schmollte mit ihren überschminkten Lippen und klimperte dabei, wie sie glaubte, verführerisch mit den künstlichen Wimpern.
James griff hinter sich und bekam zwei Thermoskannen zu fassen. Diese hielt er sich wie ein Schild vor die Brust: „Kaffee oder Tee?“
„Pah, Tee!? Mir ist sowieso schon viel zu heiß!“ Frau Ekkelhoff blickte vielsagend. „Champagner! Was sonst! James, James, dass du mich immer noch nicht kennst! Ich hätte allen Grund, ein bisschen beleidigt zu sein!“ Sie ließ sich schwer auf den nächstbesten Sessel fallen.
James ging in Richtung Bar, um den Champagner für Frau Ekkelhoff zu holen. In diesem Moment fing er einen Blick ein, der ihn, aus einem Grund, den er nicht recht greifen konnte, frösteln lies. Es war Margitta, die ihren Vater mit einem sonderbaren Ausdruck taxierte und James war so, als hätte er diesen Blick schon einmal gesehen.

Restaurant Bellevue

„Bitte erschrecken Sie nicht junger Mann, ich glaube mein Mann ist gerade gestorben!“ Mit leicht geröteten Wangen und

einem entschuldigenden Lächeln, das Hendrik an seine Mutter erinnerte, schaute Lieselotte Arnold an ihm empor.
Hendrik hatte plötzlich den Eindruck, dass die Geräusche des Restaurants in den Hintergrund traten. Das geschäftige Treiben, das Hin- und Herlaufen der Kellner, die Gespräche der Gäste, alles schien wie in Zeitlupe abzulaufen.
„Servieren Sie das Menü einfach wie gewohnt. Wir wollen doch kein Aufsehen erregen."
Wie ein Teenager, der seine Eltern beim Sex erwischt hatte, stand Hendrik da und blickte mit einer Mischung aus völligem Unglauben und Interesse immer abwechselnd zwischen der leblosen Gestalt, die wie eine zur Seite gekippte Marionette in ihrem Sessel hing, und dem offenen Gesicht von Liselotte Arnold, hin und her.
Hendrik kniff die Augen zusammen, als bemühe er sich, aus einem Traum aufzuwachen. Dann äußerte er sich mit einem höchst niveauvollen: „Hä?!" zu dieser Situation.
„Na, na!" Lieselotte tätschelte ihm den Arm. „Nun kippen Sie mir bitte bloß nicht um!"
Hendrik war weit entfernt davon umzukippen, in seinem Kopf fing es an zu sprudeln, als hätte jemand in einem Whirlpool auf den Knopf gedrückt.
Endlich ist mal was los hier auf diesem Seelenverkäufer. Es geht doch nichts über einen erfrischenden Todesfall, das macht so eine Kreuzfahrt erst richtig rund.
„Ist alles in Ordnung bei Ihnen?", fragte Lieselotte besorgt und fügte entschuldigend hinzu: „Mein Mann war schon fast 70. Da kann so etwas schon mal vorkommen... natürlich weiß ich, dass sein... Dahinscheiden nicht gut in ihren Ablauf passt! Aber das ist irgendwie typisch für Karl, er konnte sich noch nie... unterordnen."
Nun blickten beide vorwurfsvoll auf Karl Arnold, als wollten sie sagen: Wie kannst du uns nur das schöne Abendessen verderben? Du hattest weiß Gott heute genug andere Gelegenheiten zu sterben, schön im Stillen in deiner Kabine. Aber nein, du musst ja hier in einem überfüllten Restaurant mitten auf dem Mittelmeer unter 100 hungrigen, sensationslüsternen Rentnern den Löffel abgeben. Was hast du dir nur dabei gedacht?

Hendrik straffte sich. Auch wenn es absurd war, in diesem Moment fiel ihm der Leitspruch: DER GAST IST KÖNIG! ein.
Er sagte: „Gut, haben Sie schon gewählt, oder brauchen Sie noch einen Moment?“
„Danke, ich weiß schon, was ich möchte. Menü eins bitte, und mein Mann nimmt dasselbe!“
Routine, dachte Hendrik. Es geht doch nichts über Routine! „Was möchten Sie dazu trinken?“
„Ein Wasser, mit Kohlensäure bitte!“
„Ihr Mann nimmt auch... Wasser?“
Lieselotte betrachtete ihren Mann von der Seite, ein wenig Mitleid lag in ihrem Blick.
„Ich glaube, mein Mann hat sich heute Abend einen guten Wein verdient! Können Sie etwas empfehlen?“
„Sie essen Rind, dazu passt ein Roter. Wir haben da einen sehr süffigen Bordeaux mit einer angenehmen Note aus Ananas und Brombeeren im Abgang.“
„Klingt ja mehr wie ein Multivitaminsaft, hätten Sie vielleicht einen trockenen Riesling?“
Erst hier mit einem toten Mann zum Essen erscheinen und dann auch noch Ansprüche stellen. Hendrik war leicht verstimmt darüber, dass seine Weinempfehlung den Herrschaften nicht zusagte, erwiderte aber in neutralem Ton: „Natürlich, kein Problem!“
„So“, sagte Lieselotte. „Dann haben wir, glaube ich, alles. Sie können anfangen zu servieren.“
„Sollen wir nicht auf die Familie warten?“ Hendrik deutete auf die sechs leeren Plätze am Tisch.
Lieselotte schaute verwirrt in die Runde. Es war ihr offensichtlich noch gar nicht aufgefallen, dass der Rest der Familie nicht anwesend war.
Na ja, dachte Hendrik, Anfängerfehler! Es stirbt einem schließlich nicht alle Tage der Mann beim Abendessen.
„Oh, das wird nicht nötig sein. Ich denke, sie werden gleich kommen.“
Und genau wie Lieselotte es vorhergesagt hatte, kam Hendrik Familie Arnold entgegen, als er in Richtung Küche ging.
Das gibt eine Überraschung! Ich bin gespannt, ob die ganze Familie die Sache so locker sieht wie die alte Frau Arnold.

Genau in diesem Moment hörte er Gertrud laut und hysterisch rufen. Sie wurde aber sofort von einer strengen, männlichen Stimme, die Hendrik als die von Gregor Hallstädt erkannte, zur Ordnung gerufen und verstummte. Nur noch ein leises Wimmern war zu hören.

„Houston, wir haben ein Problem!“
„Was ist denn los? Sinken wir?“ James nahm gerade das Tablett mit dem Amuse-Gueule, dem Gruß aus der Küche, in Empfang.
„Schlimmer! Der alte Arnold ist tot!“
„Ach was?“ James war wirklich beeindruckt. Nicht, dass er nicht schon mal, auf seinen Reisen, mit dem Tod konfrontiert worden wäre. Aber im Restaurant, so vor allen Leuten, das hatte selbst er noch nicht erlebt. „Und jetzt?“
„Wir sollen ganz normal servieren und Wein hat die Alte auch für ihren Mann bestellt.“
„Lass mich raten, eine Flasche ‚Witwentrost‘?“
„Mach keine Witze, der hat wirklich das Zeitliche gesegnet!“
„Bist du dir sicher, dass er tot ist und nicht nur bewusstlos?“ Eine berechtigte Frage, aber Hendrik hatte sie in seiner Verblüffung nicht gestellt.
„Ich bin Steward und kein Arzt!“, gab er beleidigt zurück.
„Ich werde mir die Sache mal ansehen, wozu haben sie uns in der Ausbildung dauernd mit erster Hilfe genervt. Wenn er noch lebt, holen wir den Bordarzt, wenn nicht, kann das noch einen Moment warten.“

James nahm sein Tablett und steuerte entschlossen auf den Tisch der Arnolds zu.
Während Hendrik die Teller auf die Gäste verteilte, sagte James mit einem kleinen Diener:
„Das Amuse-Gueule, die Herrschaften. Wir haben heute Abend für Sie ein Filet vom Lachs an Meerrettichschaum in einem Bett aus Pfefferminzlinsen. Ich wünsche guten Appetit! Und wenn Sie mir bei der Gelegenheit noch eventuell erlauben würden, bei Herrn Arnold den Puls zu überprüfen...“
Er streckte seine Hand nach dem Hals des Verblichenen aus, als er in seiner Bewegung jäh von Gregor Hallstädt

unterbrochen wurde: „Das wird nicht nötig sein. Ich versichere Ihnen, er ist... tot! Ich habe das persönlich überprüft."
„Ach ja, Sie sind ja Arzt. Wie praktisch!" James sah Gregor durchdringend an.
Gregor rückte unangenehm berührt auf seinem Stuhl hin und her, besann sich dann aber seiner Autorität als Chefarzt einer Klinik und erwiderte in weisungsgewohntem Ton: „Vielleicht sollten Sie sich jetzt ums Servieren kümmern. Wir haben noch keinen Wein bestellt. Wir nehmen..." Er ließ seinen Blick kurz über die Karte schweifen. Aber James hatte das Gefühl, er sah nicht, was er las „...wir nehmen dasselbe wie mein Schwiegervater. Er hatte schon immer einen guten Geschmack, was Wein betrifft!" Und mit einem süffisanten Lächeln klappte er die Karte zu.

James und Hendrik servierten das Menü. Gang für Gang. Gänseleberparfait, ein gratiniertes Brokkolisahnesüppchen, Tintenfischtortellinis mit Tomatenglasur , ein Melonensorbet und als Hauptgang Rinderroulade mit getrüffelten Stampfkartoffeln. Zu ihrer Verwunderung erfreuten sich die Mitglieder der Familie eines ausgezeichneten Appetits, einzig der Zwischengang fand keinen großen Anklang, was aber kein Wunder war, denn die Tortellinis hatten eine gewisse Ähnlichkeit mit den bläulichen, amputierten Zehen eines Diabetikers.
Interessanterweise blieben sogar die Teller von Karl nicht unberührt, was in James' Augen regelrecht an Leichenfledderei grenzte. Allerdings bestätigte dies auch seine Beobachtungen während seiner vielen Dienstjahre. Nahrungsaufnahme in Kombination mit Pauschalurlaub ließ die niedrigsten Instinkte des Menschen zu Tage treten.

Die Teller des Hauptgangs wurden abgetragen. Einer der Spüler nahm sie entgegen und kratzte die Abfälle vom Porzellan.
„Ich glaube, ich bin im falschen Film", schnaufte Hendrik, während sie auf den letzten Gang, das Dessert, einen Schokoladenpflaumenauflauf, warteten.
„Irgendetwas stimmt da nicht... die sind alle viel zu entspannt!" James fuhr sich durch die Haare und schaute nachdenklich in

die Essensabfälle, so als würde er dort eine Antwort auf die Frage finden, die ihn gerade beschäftigte.
„Was meinst du?“ Hendrik blickte ebenfalls in die Tonne auf der Suche nach Erleuchtung.
„Der Alte war schon tot, als du an den Tisch kamst?“
„Er sah jedenfalls ziemlich tot aus!“
„Sehr merkwürdig...“
„Mierda“, kam es ärgerlich von dem kleinen, philippinischen Spüler, als ihm eine der weißen Stoffservietten in die Tonne mit den Abfällen fiel.
James griff beherzt in die Matsche, die aussah wie frisch erbrochenes Kartoffelpüree an durchgekauten Rouladenresten und zog die fleckige Serviette heraus. Hendrik verzog angeekelt das Gesicht.
Da fiel klimpernd ein Metallgegenstand zu Boden, rollte noch ein kleines Stück weiter und blieb dann direkt zu ihren Füßen liegen.
„Was ist das?“, fragte Hendrik.
„Hast du schon mal jemanden von den Arnolds stricken sehen?“
Die beiden Männer guckten verwirrt auf die etwa 30 Zentimeter lange Nadel, die vor ihnen auf den Fliesen lag. Auf ihrer grauen Beschichtung war ein rotbräunlicher Belag zu erkennen.
„Was ist das? Blut?“ Hendrik schluckte schwer.
„Ich denke, die müssen wir sichern“, sagte James trocken.

Deck 2, Kühlraum

„Sollte man die Lebensmittel nicht entfernen? Ich weiß nicht, ob die Gäste so begeistert wären, wenn sie wüssten, wer ihrem Rumpsteak hier Gesellschaft leistet.“ James und Hendrik hatten die Leiche von Karl Arnold auf einem Tisch im Kühlraum aufgebahrt und waren nun dabei, ihn mit einem Laken zuzudecken.

„Ich glaube, die Gäste wären insgesamt nicht sehr glücklich, wenn sie einen Blick hinter die Kulissen werfen könnten“, antwortete James lakonisch.
Hendrik stand am Kopfende und blickte auf das leere, eingefallene Gesicht von Herrn Arnold. „Möchtest du noch etwas sagen, eine kleine Ansprache vielleicht? So etwas wie: Wir kannten ihn nicht, aber er war immer ein guter Kamerad. Möge er in Frieden ruhen!“
James zupfte nachdenklich eine Ecke des Lakens gerade. „Was hat der Bordarzt gesagt? Bei so vielen alten Leuten reist der Tod immer mit!“
„Tja, du hast es heute Vormittag schon gesagt: Irgendwann ist halt mal Schluss!“
„Und trotzdem passt es nicht! Beziehungsweise eigentlich passt es zu gut! Der alte Arnold hat heute Morgen noch gesagt: Ihr wartet doch alle nur darauf, dass ich abkratze! Und so, wie ich die Familie am Nachmittag erlebt habe, hatte er damit nicht unrecht.
Seine Frau hat sehr viel Geld gewonnen. Er wollte, dass sie es spendet. Wie du mir erzählt hast, in den Augen seiner Kinder, eine blödsinnige Idee. Die Töchter stecken beide in finanziellen Schwierigkeiten, und dieser Oliver sieht auch nicht gerade wie ein gediegener Geschäftsmann aus.“
„Du meinst, wegen dieser ominösen Stricknadel? Du denkst irgendwer hat den Alten abgemurkst?“ Hendriks Neugier erwachte. „Aber der Bordarzt hat keine Verletzungen gefunden. Er sagt, es war ein Herzinfarkt. So was wäre nicht ungewöhnlich in dem Alter.“
„Da magst du ja Recht haben, aber ich habe die Angst in Karl Arnolds Augen gesehen! Es war, als hätte er plötzlich eine Vorahnung von dem, was geschehen würde.“

James erzählte Hendrik von dem Vorfall im Flur auf Deck 8 und, was Herr Arnold über das Bild gesagt hatte. Er berichtete ihm, dass der Mann, der es gemalt hatte, Karl Arnolds bester Freund war und vor Jahren verschwunden war. Als er den Namen des Ortes erwähnte, in dem das Bild gemalt wurde, leuchteten Hendriks Augen auf.
„Hey“, sagte er. „Wardenburg? Da komme ich doch her. Also, ich meine nicht ganz genau aus Wardenburg. Ich bin in

Oldenburg aufgewachsen, aber einem Onkel von mir gehört dort eine Gaststätte. Der Wardenburger Hof. Wann sagtest du, ist das Bild entstanden?“
„1972“
Eifrig wie ein Hund, der ein Fährte aufgenommen hatte, schlug Hendrik vor: „Ich kann meinen Onkel anrufen. Vielleicht weiß er ja was über das Bild? So viele Maler gab es bestimmt nicht in dem kleinen Ort! Und so eine hübsche junge Frau fällt doch auf. Soll ich das machen? Soll ich telefonieren? James, was meinst du?“
„Tu das, vielleicht bringt uns das weiter...“, sagte James in Gedanken versunken.
Was war es, wovor sich Karl Arnold gefürchtet hatte? Die Vergangenheit hatte ihn eingeholt, und nun war er tot. Das konnte kein Zufall sein.

Marseille, 4.Juli 2010 Kabine 839

James hockte schwitzend im Kleiderschrank. Die Liebe macht doch aus jedem Mann einen Idioten!
Immer wieder fragte er sich, wie er, der sonst immer so überlegt und vernünftig gewesen war, in diese Situation hatte geraten können. Was hatte ihn dazu getrieben, einfach in ihre Kabine zu gehen und... ja und... was eigentlich? Was wollte er hier?
Langsam geriet seine ganze Welt aus den Fugen. Nach dieser Reise hatte er keine Arbeit mehr, dann ein Mord, wenn es ein Mord war, und die Frau die er liebte war mit dem größten Schwachkopf aller Zeiten zusammen.
Plötzlich hatte er vor Eleonores Kleiderschrank gestanden und den Stoff eines ihrer Abendkleider zwischen den Fingern gehalten, den Duft ihres Parfums eingeatmet. Und dann?
Dann hörte, er wie jemand Mühe hatte das Türschloss zu öffnen. Wie oft hatte er sich über diesen Mechanismus geärgert, den ein geistesgestörter Industriedesigner, nach ein paar Tassen Kaffee zu viel, aus einer Stahlkiste und einem Kartenschlitz zusammengeschraubt haben musste. Aber jetzt war er dem Mann dankbar, denn diese kostbaren Sekunden

hatten ihn gerettet. Und da saß er nun, angstschweißgebadet, und hörte, wie Eleonore und Oliver in der Kabine hin und her liefen. James begann zu beten, so inbrünstig, wie noch nie in seinem ganzen Leben.
Lieber Gott, mach mich fromm, dass ich in den Himmel komm und wenn du grad dabei bist, sorg bitte dafür, dass niemand diese Tür aufmacht...

„Heirate mich! Heirate mich!" Oliver hielt Eleonore von hinten mit beiden Armen umklammert, und sie fühlte sich mehr gefangen als umarmt. Sein Atem an ihrem Nacken war ihr unangenehm. Alles an Oliver war ihr seit einiger Zeit unangenehm und sie fragte sich verzweifelt, wie sie sich aus dieser Falle befreien konnte. Das Wort NEIN existierte nämlich in Olivers Sprachgebrauch nicht.
„Dein Vater ist tot. Wie kannst du da nur ans Heiraten denken?" Sie legte ein gehöriges Maß tugendhaften Vorwurfs in ihre Stimme.
„Das ist es ja eben. Jetzt, wo der Alte tot ist, können wir Lieselotte dazu überreden, uns was von dem Geld zu geben. Diese Spende! Was für eine Schnapsidee! Endlich müssen wir uns keine Sorgen mehr machen. Eine Million würde mir schon völlig reichen. Sogar eine halbe wäre schon genug. Obwohl...", er grinste verschlagen, „...eine ganze wäre natürlich besser!"
„Dein Vater ist tot, und du denkst nur ans Geld?"
„Jetzt hör mir mal zu!" Er drehte sie zu sich und packte unsanft ihre Handgelenke.
Lass sie los, du Idiot! James wäre gern wie Superman aus dem Schrank geflogen.
„Mein Vater war ein Arschloch. Es gab nur zwei Sachen, die für ihn je wichtig waren: Die Partei und meine Mutter. Wir Kinder waren ihm scheißegal. Und! Er hat mich gezwungen Blockflöte zu spielen. Blockflöte!"
Eleonore wich nicht zurück. „Ich mag Blockflöte", sagte sie schlicht.
Recht so, lass dir nichts gefallen, Baby! James war richtig stolz auf sie.

„Soll ich dir was sagen? Ich bin froh, dass er tot ist!“ Olivers Stimme hatte sich überschlagen und die Worte hingen nun wie der Schrei eines Pfaus im Raum. Beide schwiegen.

Dann stellte Eleonore nur eine Frage: „Ich dachte, du hast genug Geld?“
Oliver lachte heiser. Sie hatte ihn durchschaut.
„Geld, meine Liebe, kann man nie genug haben. Außerdem... ist es in letzter Zeit für mich nicht besonders gut gelaufen an der Börse.“
Pech an der Börse und kommunistischer Blockflötenunterricht! Gibt es ein besseres Mordmotiv? James veränderte vorsichtig seine Lage. Ein hochhackiger Schuh bohrte sich immer tiefer in sein Hinterteil.
So kleinlaut hatte Eleonore Oliver noch nie erlebt, und fast tat er ihr Leid.
„Wie schlimm ist es?“, fragte sie leise.
„Sehr schlimm“, gab er unwillig zurück. „Aber jetzt...“ Er drehte auf, wie jemand, der gerade eine Pille eingeworfen hatte und nun von der Wirkung erfasst wurde. „...ist alles super! Karl ist tot, und wir sind reich... und du wirst mich heiraten? Stimmt's? Du wirst mich doch heiraten?“ Seine Stimme war drängend und fast ein bisschen bedrohlich.
„Gut, ich heirate dich“, sagte sie erschöpft.

James setzte sich jäh auf. Was tust du denn da? Du kannst diesen Typen doch nicht heiraten!
Eleonore schaute verwundert zum Schrank. Sie machte einen Schritt auf die Tür zu, die einen kleinen Spalt offen stand. Hielt dann aber in der Bewegung inne.
James presste sich die Hand vor den Mund und hielt die Luft an. Habe ich einen Laut von mir gegeben? Bitte nicht die Tür aufmachen! Bitte nicht! Lieber Gott, mach mich fromm...
Mit der Miene eines Jägers, der sein Wild direkt vor der Flinte hat, blickte Oliver Eleonore an. „Dann habe ich etwas für dich.“ Er holte ein kleines rotes Kästchen aus seiner Jackettasche und hielt es ihr hin.
Kimme und Korn!
„Gibt es etwas Romantischeres als eine Verlobung auf hoher See?“ Er öffnete das Kästchen, entnahm ihm einen riesigen

Diamantring und steckte ihn Eleonore an den Finger. Sie ließ es geschehen.
Blattschuss!
Oliver grinste: „Das muss gefeiert werden. Komm, lass uns an die Bar gehen und uns auf unsere Hochzeit anstoßen. Auf Herrn und Frau Arnold!“
Waidmanns Heil!
„Geh du schon vor, ich muss noch mal ins Bad!“ Wieder blickte sie mit gerunzelter Stirn auf den Kleiderschrank.
„Gut, aber beeil dich!“
Beschwingten Schrittes verließ Oliver die Kabine, sichtlich erbaut, darüber sich heute, ganz ohne schlechtes Gewissen, ordentlich betrinken zu dürfen.

Kaum war die Tür ins Schloss gefallen, trat Eleonore an den Kleiderschrank, öffnete die Tür und sagte: „Suchen Sie etwas Bestimmtes?“
Eine Stimme kam aus einem ihrer Abendkleider: „Um es mit Leonardo di Caprio zu sagen: Sie halten Sie gefangen, merken Sie das nicht? Sie werden daran zugrunde gehen. Vielleicht nicht gleich, weil Sie stark sind, aber irgendwann wird das Feuer, das ich so an Ihnen liebe, verlöschen.“
„Nur, dass Leonardo in dieser Szene nicht in einem Kleiderschrank saß! So weit ich mich erinnere, war es eine Turnhalle“, bemerkte Eleonore.
Sie hatte die Hände resolut in die Hüften gestemmt und das Kinn ein wenig nach vorn gereckt.
„Da haben Sie wohl Recht“, antwortete James stöhnend und rieb sich den schmerzenden Rücken. Er hielt sich an der Kleiderstange fest und entstieg, so elegant wie es ihm möglich war, dem Möbel.
Dann stand er vor ihr, in Erwartung einer Strafpredigt.
„Sie wissen, wenn ich das hier...“, sie deutete auf den Schrank, „...melde, dann fliegen Sie achtkantig von Bord!“
„Sparen Sie sich die Mühe. Nach dieser Reise ist hier sowieso Schluss. Ich steige, wie Sie, in Genua aus!“ James richtete seine aus der Fasson geratene Uniform. Eleonore schnaufte ärgerlich, und ihre Haltung hatte etwas Amazonenhaftes.

„Ich dachte immer, Sie wären anders! Machen Sie das öfter? In die Schränke ihrer Gäste steigen und deren Privatgespräche belauschen?“
James unterdrückte ein Lächeln über das unfreiwillige Kompliment. Er nahm Haltung an.
„Ich versichere Ihnen, das hier war mein erstes Mal!“
„Aber was wollten Sie denn nur in meinem Schrank?“ Eleonore wurde langsam ungeduldig.

Einer plötzlichen Eingebung folgend, sagte James: „Um ehrlich zu sein, dachte ich, ich könnte etwas über den Mord an ihrem Schwiegervater in spe in Erfahrung bringen.“
Sie muss ja nicht alles wissen. Frauen mögen sicher Männer nicht, die an ihren Kleidern schnüffeln. Aber ich war verzweifelt!
„Ermordet? Er hatte einen Herzinfarkt oder einen Hirnschlag oder sonst was. Wie kommen Sie darauf, dass er nicht eines natürlichen Todes gestorben ist?“
„Weil zu viele Leute in ihrer Familie Geld brauchen, und weil er Angst hatte. Das habe ich gespürt!“
„Sie haben ihn doch gar nicht gekannt?“
„Glauben Sie mir, wenn man eines lernt in meinem Beruf, dann den Menschen hinter die Stirn zu blicken!“ Plötzlich hielt er inne. Hinter die Stirn blicken... Hinter die Stirn...? Warum ging ihm nur dieser Satz nicht mehr aus dem Kopf?
„Sie glauben wirklich, dass einer aus der Familie den Alten umgebracht hat? Aber wie?“
„Das weiß ich noch nicht und um ehrlich zu sein, das WIE ist nicht so entscheidend. Das WARUM ist wesentlich spannender. Ich an Ihrer Stelle würde mir jedenfalls die Hochzeit mit Oliver Arnold noch einmal gut überlegen.“
„Ich glaube nicht, dass Sie das etwas angeht! Und jetzt müssen Sie gehen, er wartet sicher schon auf mich“, sagte sie trotzig.
„Werden Sie mich melden?“
„Nein!“
„Ich meine es gut mit Ihnen, glauben Sie mir das!“
Eleonore schob James auf den Flur, aber nicht, ohne sich vorher davon überzeugt zu haben, dass die Luft rein war.

„Einen schönen Abend noch“, sagte sie und schloss die Tür mit Nachdruck von innen.

Seetag, 5. Juli 2010, Crewkabine

„Ich habe mich total zum Trottel gemacht! Jetzt denkt sie doch, ich bin ein Spanner!“ James hatte beschlossen, Hendrik in seine Peinlichkeit vom Vortag einzuweihen.
„Das bist du ja auch!“ Hendrik saß oben auf seinem Bett und aß einen Apfel.
„Nein, das bin ich nicht! Wenn, dann bin ich höchstens ein Schnüffler. So viel Zeit muss sein. Ach übrigens, hast du schon was von deinen Onkel gehört?“
„Nein, ich hab ihn nicht erreicht! Aber gestern, als wir in Marseille waren, habe ich ihm eine Email geschrieben.“
„Dann erfahren wir frühestens morgen was Neues, wenn wir in Palma sind.“
„Und du glaubst wirklich, dass es Mord war?“
„Je länger ich darüber nachdenke, um so sicherer bin ich mir! Zu vielen Leuten kommt der Tod von Karl Arnold zu gelegen.“
„Das ist ja total spannend!“
„Jeder aus der Familie hatte ein Motiv. Lieselotte Arnold wollte ihre Millionen vielleicht gar nicht spenden und hat keinen anderen Ausweg gewusst, als ihrem Mann ein paar falsche Tabletten unterzuschieben.“
„Das kann ich nicht glauben! Ihr Mann konnte sie ja schließlich nicht dazu zwingen, das Geld herzugeben. Ich denke, sie ist damit einverstanden gewesen. Sie auf mich sowieso nicht den Eindruck, dass Geld ihr besonders viel bedeutet. Und schließlich hätte sie sich auch scheiden lassen können. Um die Millionen zu behalten, musste sie nicht unbedingt einen Mord begehen.“
„Aber der Mann war doch die reinste Plage. Angeblich hat er seine Frau über alles geliebt. Also, unter einem liebevollen Ehemann stelle ich mir noch was anderes vor. Vielleicht hatte sie einfach genug von ihm.“

„Ich finde, wir sollten uns lieber mal den Rest der Family anschauen.“

„Also gut! Gregor Hallstädt steckt mit seiner schicken Privatklinik in ziemlichen finanziellen Nöten. Obwohl er ein guter Arzt ist, hat er wohl von Betriebsführung keine Ahnung. Er bringt den Alten um die Ecke und bittet seine Schwiegermutter, in sein Krankenhaus zu investieren. Schon ist er gerettet!"
„Und er ist Arzt", warf Hendrik begeistert ein. „Für ihn ist es sicher ein Leichtes, an irgendwelche Tabletten oder sogar Gift ranzukommen!"
„Und er war es auch, der nicht wollte, dass ich den Bordarzt hole. Ich habe mal gelesen, dass manche Gifte sich im Körper abbauen und nach ein paar Stunden nicht mehr nachweisbar sind!"
„Wirklich zu blöd von mir, dass ich nicht kontrolliert habe, ob der Alte wirklich tot war, bevor die ganze Familie an den Tisch kam", tadelte sich Hendrik. „Wenn er nämlich noch gelebt hat, kann es fast jeder gewesen sein. Man beugt sich über ihn... Schaut ob er noch atmet, hält ihm die Hand vor den Mund, zückt die Zyankalikapsel. Und... Zack! Exitus!"
James war skeptisch. „Na ja, das klingt ein bisschen abenteuerlich. Aber wer weiß, es gibt ja nichts, was es nicht gibt. Ich muss immer an Margitta denken. Sie ist eine gierige Frau. Hast du sie mal Pralinen essen sehen? Sie wünscht sich nichts sehnlicher, als im Geld zu schwimmen. Wir wissen, dass sie eine Apotheke hat, einfacher gehts nicht. Sie besorgt sich was aus ihren eigenen Vorräten und schon ist Daddy bei den Engelein."
„Und ihr Mann ist Italiener, vielleicht hat ja sogar die Mafia die Finger im Spiel?" Hendriks Augen glühten.
James musste schmunzeln. Fantasie hatte er, der Junge, das musste man ihm lassen.
„Ich glaube nicht, dass die Mafia was damit zu tun hat, aber die beiden brauchten auf jeden Fall Geld! Hatte er nicht 200.000 in den Sand gesetzt? Wenn das kein schönes Motiv ist! Und dann ist da noch Oliver. Wie ich von meinem Besuch in seinem Kleiderschrank weiß, ist er total pleite. Und wie er mit Eleonore umgegangen ist... dem traue ich jedes Verbrechen zu!"

„Es würde mich nicht wundern, wenn sie alle mit drin stecken. Apropos! Was ist eigentlich mit deiner Angebeteten?“, fragte Hendrik spitzfindig.
„Sie will Oliver heiraten.“

Palma de Mallorca, 6. Juli 2010, Saal Imperial

Im Theatersaal der Diva Marlene schoben drei ältere Herren ihre Partnerinnen in langer Abendrobe mit einer Ernsthaftigkeit über die Tanzfläche, als säße irgendwo eine unsichtbare Jury, die die Leistungen der Paare bewertete. Das leichte Schwanken des Schiffes, das am frühen Abend Kurs auf Tanger genommen hatte, erschwerte die selbstgestellte Aufgabe ein wenig.
Unter der Empore in einer der gemütlichen, ausgeblichenen, roten Sofaecken saß der weibliche Teil der Familie Arnold. James hatte Eleonore seit dem Vorfall in ihrer Kabine nur noch zu den Mahlzeiten gesehen und jetzt traf ihn der Anblick ihrer Schönheit wie ein Keulenschlag.
Die vier Frauen steckten die Köpfe zusammen und lauschten sehr interessiert. Eleonore gab offenbar eine fesselnde Geschichte zum Besten. Immer wieder blickte die eine oder andere der Frauen interessiert zu James hinüber.
Jetzt erzählt sie bestimmt die Nummer mit dem Schrank. James sah jegliche Chance bei Eleonore, wenn er je eine gehabt hatte, schwinden.
Er betrachtete diese vier ungleichen Frauen, richtige Trauer war eigentlich nicht zu spüren. Sie machten eher einen gelösten, erleichterten Eindruck. Nur Lieselotte schaute achtsam, wie eine Glucke die ihre Jungen bewacht, hin und her. James fuhr sich mit der Hand durch die Haare.

Was war das nur für eine Familie, die der Tod eines Mitgliedes so kalt ließ?

Am Vormittag war Hendrik freudestrahlend zu ihm gekommen, mit einer Email in der Hand. Sein Onkel hatte ihm geantwortet.

Er schrieb, er könne sich noch sehr gut an den Sommer 1972 erinnern. Damals war er sechs Jahre alt. Wochenlang herrschte eine schier unerträgliche Hitzewelle. Seine Eltern, die in Wardenburg das Gasthaus führten, nahmen zwei junge Leute auf, die eine Autopanne hatten. Zu dieser Zeit gab es noch keine Fremdenzimmer, und so musste die junge Frau in seinem Kinderzimmer schlafen und der junge Mann im Wohnzimmer auf der Couch.
Hendriks Onkel schrieb: Er war ein Maler. Er machte viele Skizzen von der jungen Frau. Und am Ende stand: PS.: Schade, ich weiß ihren Namen nicht mehr. Ich glaube, sie war meine erste große Liebe!
James seufzte. Am Morgen hatte er lange vor dem Bild gestanden und versucht, in dem Blick der jungen Frau eine Antwort auf die Frage zu finden, was Karl Arnold wohl so erschreckt hatte.
Ich hätte da ein paar Ideen..., dachte er.

Erschrocken zuckte James zusammen, als sich eine beringte Hand schwer von hinten auf seine Schulter legte. Er stöhnte innerlich, Nicht schon wieder Frau Ekkelhoff. Langsam machte ihn ihre aufdringliche Art doch mürbe.
Dennoch lächelte er tapfer und sagte: „Frau Ekkelhoff, was kann ich für Sie tun?“
Die Dame hatte wohl heute ihre melancholische Phase, denn sie stützte sich auf James' Arm und jammerte: „Ach James, Sie müssen mir zuhören. Ich brauche Ihren Rat!“
James, der sah, dass Frau Ekkelhoff recht aufgelöst war, machte einen Vorschlag, von dem er wusste, dass er normalerweise um diese Uhrzeit bei ihr immer auf Gegenliebe stieß.
„Einen Whisky?“
„James, du bist grausam“, kam es enttäuscht zurück. „Du hast keine Ahnung, was in mir vorgeht!“
Damit hatte sie auf jeden Fall Recht.
Sie kam sehr dicht an ihn heran. James, der schon ausweichen wollte, erstarrte, als Frau Ekkelhoff mit verhaltener Stimme zu ihm sagte: „Der nette ältere Herr, der jetzt tot ist. Er ist ermordet worden. Ich weiß es und ich weiß auch, wer es getan hat.“

James Augen weiteten sich. Ich hatte also Recht! Aufgeregt fragte er: „Woher wissen Sie das?“
Frau Ekkelhoff zog scharf die Luft ein, dann änderte sie plötzlich ihre Haltung und sagt laut: „Es ist so ein schöner Abend! Ich denke, ich werde noch ein bisschen an die frische Luft gehen...“
James wollte sie aufhalten, aber sie entwand sich ihm und taumelte in Richtung Tür. So ein Mist! Gerade jetzt war kein Kollege da, der James hätte vertreten können. Er musste ihr unbedingt folgen.

Eine Gestalt lehnte an einer der Säulen unter der Empore. Nach einer Weile löste sie sich und ging an James vorbei. Ihr Blick war starr auf die Tür gerichtet, durch die Frau Ekkelhoff eben verschwunden war. Das war er! Dieser Blick! Unergründlich, voller dunkler Gedanken und unversöhnlich.
James vergaß zu atmen. Plötzlich sah er die rotblonde Frau vor sich. Der warme Sommerwind schmiegte ihr Kleid an ihren Körper, aus dem nahegelegenen Ort wehte ein Glockenton herüber. Wardenburg! Dort hatte alles angefangen. Dort war sie jung. Dort war sie maßlos verliebt. Dort lag der Ursprung für diese dunkle Tat.
James sah der Gestalt hinterher, die zielstrebig auf die Tür zuging und den Saal verließ. Als sie um die Ecke bog und im Treppenhaus verschwand, sah er etwas blitzen.
Um Gottes Willen! Frau Ekkelhoff, schoss es James durch den Kopf. Dann stürzte er auch schon aus dem Saal.

Achterdeck

„Das würde ich an ihrer Stelle nicht tun, Lieselotte!“
Sprich sie mit dem Vornamen an, das schafft Vertrauen. James Stimme klang fest und entschlossen. Ein fernes Donnergrollen kündigte ein heraufziehendes Gewitter an. Ein gewiefter Filmregisseur hätte die Szene nicht besser inszenieren können.
Lieselotte Arnold stand mit dem Rücken zu James. Frau Ekkelhoff, mit Panik in den Augen, lehnte rücklings an der Reling und starrte auf das Messer an ihrer Kehle. Lieselottes

lange Haare hatten sich aus dem Knoten gelöst und peitschten nun, vom Wind hin und her gerissen, in ihr Gesicht. James sah, dass sie einen rotblonden Schimmer hatten, oder war es nur ein Widerschein der Abendsonne, die sich gerade blutrot in den Horizont ergoss. Bedrohlich zog eine schwarze Wand am Himmel immer näher auf das Schiff zu.

Lieselotte hatte Frau Ekkelhoff an der Schulter gepackt. Sie war offenbar fest entschlossen, sie über Bord zu stoßen. Es war erstaunlich, welche Kräfte diese zierliche Frau entwickelte.

„Helfen Sie mir. Sie ist verrückt“, stöhnte Frau Ekkelhoff. James wusste, wenn er jetzt eingreifen würde, wäre Lieselotte schneller und Frau Ekkelhoff würde im Mittelmeer landen. Also verließ er sich auf die Kraft des Wortes.

„Lieselotte, bitte seien Sie vernünftig! Das macht doch alles nur noch schlimmer.“

„Das ist mir egal! Mein Leben ist vorbei. Da kann ich die Welt auch noch von diesem Flittchen befreien. Um die ist es nicht schade.“ Frau Ekkelhoff gab einen entrüsteten Laut von sich.

„Woher kennen Sie denn Frau Ekkelhoff?“

„Aus Berlin natürlich! Die hat doch mit allem rumgemacht, was nicht bei drei auf den Bäumen war. Sogar auf Arne hatte sie es abgesehen, diese Schlampe.“

„Ich muss doch sehr bitten“, schnaufte Frau Ekkelhoff.

James machte einen Schritt auf die beiden Frauen zu.

„Sie wollten Arne heiraten, nicht wahr?“

„Ich habe ihn geliebt. Er war alles, was ich wollte. Und dann war er weg. Alle dachten, er wäre tot. Verschleppt, ermordet und im Wald verscharrt. Aber ich habe das nicht geglaubt. Ich habe immer gehofft, er kommt zu mir zurück.“

„Und warum haben Sie Karl geheiratet?“

„Karl war so fordernd, ich konnte mich nicht gegen ihn wehren!“

Das muss Oliver von seinem Vater geerbt haben, dachte James.

„Ich dachte, ich könnte ihn eines Tages so lieben wie Arne. Er war ja sein bester Freund. Aber es hat einfach nicht geklappt. Karl war ganz anders. Er hat mich geliebt, aber ich, ich konnte ihn nicht lieben.“

„Musste Karl deshalb sterben, weil Sie ihn nicht mehr ertragen haben, oder... vielleicht doch wegen der Millionen?“
„Die Millionen, die Millionen! Die verfluchten Millionen.“ Sie lachte rau auf, und Frau Ekkelhoff gab einen erschreckten Schrei von sich, als Lieselotte sie noch ein paar Zentimeter weiter über die Reling drängte.
„Am Morgen vor der Reise hat er mich angerufen.“
„Wer hat Sie angerufen?“ Die ersten Regentropfen fielen auf James' Gesicht.
„Na, Arne Friedrichsen, wer sonst! Er hat in der Zeitung von meinem Gewinn gelesen. Er wollte Geld. Stellen Sie sich das vor. Ein Leben lang habe ich mich gefragt, was aus ihm geworden ist. Jeden Tag habe ich an ihn gedacht und gehofft, dass er noch lebt. Und dann dieses Misstrauen gegen Karl. Eine Zeit lang habe ich sogar geglaubt, er hätte Arne getötet, um mit mir zusammen zu sein. Meine Ehe war die reinste Hölle. Und dann ruft mich dieser Versager an, dieser Loser, dieser Schmierfink...“ Ihre hohe, schrille Stimme mischte sich mit dem Pfeifen des Windes, wie ein wahnwitziges Duett.
„ ‚Hey Baby', hat er gesagt. ‚Wie geht es Dir?' Als wäre nichts geschehen. ‚Lange nichts gehört. Sag mal, kannst du mir Geld leihen?' Ich war fassungslos... Und dann, dann kam der Hass. Der Hass auf diesen Mann, der mir mein ganzes Leben versaut hat.“ Sie drehte sich zu James um. Irrsinn blitzte in Lieselottes Augen.
„Ich habe beschlossen, ihn zu töten“, sagte sie stolz. Ohne hinzusehen drückte sie das Messer weiter an Frau Ekkelhoffs Hals, an dem ein rotes Rinnsal herablief. Frau Ekkelhoff wimmerte.
James hatte sichtlich Mühe, den verworrenen Gedankengängen von Lieselotte zu folgen. „Wer hat Ihnen Ihr ganzes Leben versaut? Karl oder Arne?“
„Na, Karl! Er hat gewusst, dass Arne noch lebt! Und all die Jahre hat er mir nichts gesagt.“
Listig blickte sie James an.
„Ich habe gehört, wie Karl mit Ihnen über das Bild gesprochen hat.“
Sie muss hinter der Tür gestanden haben. James versuchte, Lieselottes Blick standzuhalten.

„Er kannte den Titel des Bildes. Hinter deiner Stirn! Aber woher konnte er das wissen? Nur mir hatte Arne den Titel gesagt. Nur mir allein! Und außerdem war das Bild angeblich verbrannt. Sie mussten sich noch mal getroffen haben. Bestimmt haben sie sich kaputt gelacht!“

Wütend starrte Lieselotte Frau Ekkelhoff an. „Und sie hat uns belauscht. Die dumme Gans! Ich habe Karl zur Rede gestellt. Ich war so wütend. Karl hatte Angst. Angst vor mir. Zu Recht... Jetzt lacht er nicht mehr!“
Frau Ekkelhoff packte verzweifelt Lieselottes Arm mit dem Messer, aber deren Griff war eisern.
Red mit ihr! Lenk sie ab!
„Lieselotte, Sie sind die Frau auf dem Bild, nicht wahr?“
„Natürlich bin ich das. War ich nicht wunderschön? Aber nicht schön genug für Arne!?“
James nickte. „Das Bild hat mich wirklich fasziniert!“
„Diese drei Tage in Wardenburg waren die schönsten meines Lebens. Arne war so begabt und...“ Angewidert betrachtete sie ihre Feindin. „...dieses Flittchen wollte sich an ihn ranmachen!“
„Er hieß Peter, Peter hieß er, der Maler, mit dem ich zusammen war“, stöhnte Frau Ekkelhoff, der langsam die Kraft ausging.
„Sie lügt, ich weiß es, sie lügt!“
Mit Wahnsinnigen soll man nicht diskutieren.
„Bitte lassen Sie sie los!“
Ein Blitz zuckte am Himmel, und unmittelbar darauf folgte ein mächtiger Donner. Es begann in Strömen zu regnen. Lieselotte hob das Messer. James blickte sich um. Auf einem der Tische stand ein vergessenes Tablett. Er riss es an sich und warf es wie eine Frisbeescheibe. Zielsicher traf er Lieselottes Hand. Das Messer schlitterte über die Planken.
Für einen Moment verlor Lieselotte auf dem nassen, glatten Holz des Achterdecks das Gleichgewicht. Frau Ekkelhoff sah ihre Chance und warf sich mit ihrem gesamten Körpergewicht gegen die zierliche Frau. James wollte eingreifen, da wurde er hart von etwas an der Nase getroffen. Er taumelte zurück, rappelte sich aber sofort wieder auf. Die beiden Frauen krachten, ineinander verkeilt, zu Boden. Unter Aufbietung all seiner Kräfte trennte er Frau Arnold von Frau Ekkelhoff und

hatte dabei das Gefühl, dass es eher Lieselotte Arnold war, die vor ihrer wütenden, massigen Gegnerin geschützt werden musste, als umgekehrt.

Crewkabine

„Ich wusste immer, dass du gut mit einem Tablett umgehen kannst!“ Hendrik reichte James einen feuchten Waschlappen, damit sich dieser das Blut von der Nase wischen konnte.
„Tja, gelernt ist gelernt!“
„Also, normalerweise stehe ich ja auf Frauencatchen, aber Frau Arnold und Frau Ekkelhoff, das war bestimmt kein schöner Anblick!“
„Ich sage dir, es gibt nichts Schlimmeres als eine enttäuschte Frau! Ich glaube, ich bin ganz froh, dass ich Single bin!“
„Na, wer's glaubt...“ Hendrik blickte zweifelnd auf seinen Freund herab, in diesem Moment klopfte es zaghaft an der Tür.
„Herein, wenn's keine wahnsinnige Rentnerin ist“, lachte Hendrik.
Vorsichtig wurde die Tür geöffnet, und Eleonore stand im Rahmen. „Ich wollte fragen, wie es dir geht?“
„Unkraut vergeht nicht. Komm rein“, sagte James durch seinen Waschlappen. Eleonore setzte sich zu James auf die Bettkante. Ihre braunen Augen blickten ihn forschend an.
„Woher wusstest du, dass sie Karl umgebracht hat?“
„Ich wusste es nicht. Ich habe nur so etwas geahnt, sein Tod war zu praktisch für Alle. Dann kam heute Abend Frau Ekkelhoff in den Saal und behauptete, Karl sei ermordet worden und sie wüsste, wer es getan hatte. Lieselotte stand da und starrte sie an. Auf einmal sah ich das Gemälde vor mir. Da war mir klar, wo ich diese Augen schon einmal gesehen hatte. Margitta! Bei der Teatime hatte sie ihren Vater genau so angeblickt. Sie war fest entschlossen zu bekommen, was sie wollte, wie Lieselotte auf dem Bild. Mutter und Tochter.
Ich vermute, dieser zu allem entschlossene Blick war es, der Arne Friedrichsen Angst gemacht hat. In Wardenburg, bei den Skizzen wurde ihm klar, diese Frau ist zu allem fähig. Später, in Berlin, vereinbarte er mit Karl diese Sache mit dem Brand und seinem Verschwinden. Er hat ihm erzählt, er müsse

wegen seiner Schulden untertauchen. Es säßen ihm ein paar unangenehme Leute im Nacken. In Wirklichkeit wollte er sich von Lieselottes Liebe befreien. Karl war mit diesem Plan mehr als einverstanden, denn nun war der Weg zu Lieselotte für ihn frei.“ James legte den Lappen zur Seite und fuhr fort.

„Aber Arne hat einen Fehler gemacht. Er hat das unvollendete Bild mitgenommen. Er brachte es nicht übers Herz, es verbrennen zu lassen. Dieses Bild war sein bestes Werk. Er malte es fertig und hat es verkauft. Er brauchte mal wieder Geld. Arne Friedrichsen brauchte ständig Geld...
Vor ein paar Wochen hat er in der Zeitung von dem Lottogewinn gelesen und dass Lieselotte immer noch mit Karl verheiratet war. Ihr Leben verlief in ganz normalen Bahnen. Sie hatten gemeinsame Kinder und Arne dachte, er hätte sich damals geirrt über Lieselottes Wesen. Außerdem waren immerhin fast 40 Jahre vergangen seitdem. Er rief sie an und löste damit eine Katastrophe aus. Wie muss sie sich gefühlt haben, als sie merkte, dass Arne, um den sie ein Leben lang getrauert hat, sie einfach weitergereicht hatte an Karl?“

„Immerhin hat der sie wirklich geliebt!“ Eleonore klang ehrlich traurig.

„Nicht immer heiligt der Zweck die Mittel“, kam es von Hendrik.

„So jung und schon so weise!“, lobte James.

„Und wie hat sie es gemacht?“

„Na ja, ich bin kein Experte, aber ich vermute mal, sie hat ihm eine falsche Dosis seiner Medikamente gegeben oder hat die Tabletten, die eigentlich gegen Reisekrankheit waren mit etwas anderem vertauscht. Digitalis vielleicht. Er hatte es ja mit dem Herzen. Und Diabetiker war er auch, vielleicht hat sie sein Insulin falsch dosiert? Das wird bestimmt die Autopsie klären.
Ich glaube, sie dachte, das Zeug, was es auch immer war, wirkt schneller und er stirbt in seiner Kabine, aber dummerweise ist er noch bis ins Restaurant gekommen. Dieses Dinner werde ich wohl nie vergessen.“

„Ich auch nicht!“ Hendrik imitierte die leicht näselnde Stimme von Lieselotte. „Erschrecken Sie sich nicht, junger Mann, mein Gatte ist soeben verstorben. Machen Sie einfach weiter wie bisher. Ach, ich sehe, Sie haben heute kandierte Särge an

gratinierter Urne auf der Karte, welchen Wein können Sie dazu empfehlen?“ Alle mussten lachen.
„Und wie geht es jetzt weiter?“, wollte Eleonore wissen und die Frage versetzte James einen kleinen Stich.
„Tja, dasselbe könnte ich dich wohl fragen.“
Eleonore erhob sich. „Ich finde nicht, dass ich in eine Familie einheiraten sollte, in der es eine Mörderin gibt. Außerdem verspüre ich schon seit einiger Zeit wieder den Wunsch zu singen. Ich glaube, es wird Zeit für mich, neue Wege zu gehen!“
Sie ging zur Tür, nickte James und Hendrik zu. „Gute Nacht“, sagte sie, und dann verließ sie die Kabine.
„Eins verstehe ich immer noch nicht. Wofür brauchte sie eine Stricknadel?“, fragte Hendrik.
„Das war ihre Versicherung. Lieselotte wollte, dass Karl stirbt und wenn er es nicht von alleine getan hätte, dann hatte sie vor, ihm die Stricknadel einfach zwischen die Rippen zu rammen. Sie war zu allem entschlossen.“
„Und was war das Rote?“
„Manchmal ist Tomatensoße, einfach nur Tomatensoße!“

Genua, 10. Juli 2010, Foyer der MS Diva Marlene

Etwas unsicher lächelnd stand Eleonore vor James. Ihre weiße Hand lag auf der Reling, so als suchte sie Halt. „Ich wollte mich nur von dir verabschieden und mich bedanken. Du hast mich gerettet, auf jede erdenkliche Weise, wie ein Mensch von einem Anderen nur gerettet werden kann.“
„Leonardo wäre sicher stolz auf mich!“
„Weißt du schon, wo du jetzt hingehst?“ Sie deutete auf seinen gepackten Seesack.
Er hob das viereckige Paket auf, das zu seinen Füßen stand.
„Ich denke, ich werde eine kleine Reise machen. Warst du schon mal in Wardenburg?“
Sie lachte eine leises Lachen. „Nein, nicht dass ich wüsste. Ist es hübsch da?“
„Das weiß ich auch nicht, aber ich habe mal gelesen, man soll mindestens einmal im Jahr eine Stadt besuchen, in der man noch nicht war. Ich glaube, dort gibt es jemanden, der sich über das hier...“ Er schaute auf das Paket. „...freut!“

„Ach ja, das Gemälde? Willst du es nicht behalten?"
„Nein, ich denke, ich sollte es jemandem bringen, der ein paar gute Erinnerungen damit verbindet." Er grinste breit. „Außerdem, mache ich mir immer gern mein eigenes Bild!"
Eleonore blickte zum wolkenverhangenen Himmel hinauf. „Lieselotte wird wohl in der Zwischenzeit schon wieder in Deutschland sein."
„Es ist nicht gut, ein Leben lang mit einer Lüge zu leben", sagte James.
„Aber Karl hat Lieselotte doch belogen!"
„Und sie ist bei ihm geblieben, obwohl sie ihn nicht geliebt hat."
„Da hast du Recht! Das ist nicht gut." Wieder lächelte sie und James wurde das Herz schwer.
Mit einem kleinen Seufzer drückte sie ihm einen zusammengefalteten Zettel in die Hand. „Wenn es schön ist, dort, wo du hingehst, sag mir Bescheid, ja? Dann komme ich nach." Einen langen Moment blickten sie sich in die Augen.
„Mein Kleiderschrank steht dir jederzeit zur Verfügung!" James zwinkerte ihr zu. Dann machte er, so wie er es schon tausend Mal getan hatte, einen galanten Diener.

Eleonore drehte sich um und ging die schwankende Gangway hinunter. James blickte ihr noch hinterher, auch als sie schon längst im Kreuzfahrtterminal verschwunden war.
Plötzlich stand Hendrik hinter James. „Na, alles klar? Ich hab meinen Onkel erreicht. Er freut sich, dass du kommst." James hob seinen Seesack auf und schulterte ihn. Er schaute an der weißen Schiffswand hinunter.
„Ich bin echt froh, dass ich nicht über Bord gegangen bin!"
„Ich hätte dich auf jeden Fall sehr vermisst", sagte Hendrik ernst.
„Und ich werde dich auch vermissen", sagte James, ...und die gute alte Diva Marlene!

ENDE

Schuss aus dem Nebel

"Als hätte dieser Typ durch die Erbsensuppe kucken können. Der Ball kam mitten aus dem nichts mit einem Karacho wie weiß der Deubel was, keine Chance, ihn zu halten. Das blöde Ding ist schnurstracks im Kasten gelandet", sagte Sven.

"Ein Schuss aus dem Nebel", antwortete Aha gedankenversunken.

"So was hab ich schon mal gehört. Vor fünfzig Jahren."

Ahas Spitzname hatte zwei Gründe: Er hieß, wie alle ältesten Söhne seiner Familie, Hans. Und als sein Sohn angefangen hatte, Fußball zu spielen, hatte man sie den Alten Hans und den Jungen Hans genannt, abgekürzt Aha und Juha. Inzwischen spielte auch Juha schon bei den Alten Herren.

Und zweitens war Aha vierzig Jahre lang Polizist des Ortes gewesen. Er hatte die Angewohnheit gehabt, blöde Ausreden mit einem lakonischen "Aha" zu beantworten. Als er einen völlig besoffenen Radfahrer angehalten hatte, hatte der behauptet, er habe nichts getrunken, sich lediglich die Zähne geputzt und mit Mundwasser nachgespült. Dann habe er beschlossen, noch etwas Sport zu treiben.

"Aha", hatte Aha gesagt, ihm die Luftpumpe weggenommen, und ihm die Luft aus den Reifen gelassen. Die Luftpumpe konnte der Radler am nächsten Tag auf dem Revier abholen.

Der Besitzer des Dobermanns, der mit seiner Aggressivität den ganzen Ort terrorisiert hatte, war weniger glimpflich davon gekommen. Aha hatte jahrelang vergeblich versucht, ihn zu überreden, seinen Hund an die Leine zu nehmen. Und als das gekommen war, was hatte kommen müssen, als der Hund ein fünfjähriges Kind krankenhausreif gebissen hatte, hatte der Besitzer tatsächlich behauptet, das Kind sei ein sadistischer Satansbraten, der seinen armen Bonzo immer am Schwanz gezogen habe.

"Aha", hatte Aha gesagt, und Herrchen darauf hingewiesen, dass sein armer Bonzo gar keinen Schwanz besaß, denn der war ihm bald nach der Geburt abgeschnitten worden, ebenso wie der größte Teil seiner Ohren. Dann hatte er den Fall der Staatsanwaltschaft übergeben.

Inzwischen war Aha längst pensioniert, aber früher war er der begabteste Fußballer der ganzen Gegend gewesen. Und den

Namen, der allerdings auf der ersten Silbe betont wurde, hatte er immer noch.
"Eine von deinen berühmten Geschichten, Aha?", fragte Willi, der Trainer der Mannschaft vom VfR Wardenburg. Sie saßen alle nach dem Sonntags-Spiel gegen Hatten-Sandkrug in der Dorfkneipe: Die Jungs, noch erschöpft vom Kicken, einige stolze Väter, und natürlich die Veteranen, die ihre kritischen Kommentare zum Spiel abgaben.
Nicht, dass es viel zu kommentieren gab: Das, was Sven "Erbsensuppe" genannt hatte, war so dick gewesen, dass man kaum etwas hatte sehen können.
"Richtig", sagte Aha. " 'Ne uralte Geschichte." Er schaute auf seine Uhr.
"Fünfzig Jahre alt. Na, Kinder, wie viele Stunden sind das?"
Einige Sekunden war Stille, dann sagte Georg, einer der Verteidiger: "24 Stunden mal 365 Tage mal 50 Jahre, das macht nach Adam Riese 438.000 Stunden. Wenn wir von zwölf Schaltjahren ausgehen, plus 288, macht 438.288 Stunden."
"Richtig, mein Junge", antwortete Aha. "Nach deiner heutigen Leistung wirst du vielleicht kein Nationalspieler, aber sicher ein toller Mathematiker."
"Lass sie raus, deine Geschichte. Wir wollen sie alle hören." Das kam wieder von Willi.
"Ich hole uns zuerst ein paar Erfrischungen", sagte Herr Dillinger, der wohlhabendste Mann des Ortes und der größte Sponsor des Sportvereins.
Mit der Hilfe einiger Spieler brachte er eine frische Runde Bier und einen doppelten Korn für Aha.
"Der wird deine Zunge lösen", meinte Dillinger.
Jeder nahm einen Schluck, dann schauten alle aufmerksam auf Aha, dessen Erzählkunst heute so berühmt war wie seine Dribbelkunst früher.
"Jetzt, wo ich darüber nachdenke", sagte er, "kommt alles zurück, als wäre es erst gestern gewesen. Obwohl dieser Minutenzeiger seither 438.288 Umdrehungen zurückgelegt hat."
Er hob den linken Arm und zeigte die Uhr.
"Übrigens meine Konfirmationsuhr. Ich vermute, meine Eltern haben sie damals bei deinen Großeltern gekauft, Fritz."

"Eher bei meinen Urgroßeltern", antwortete Fritz, der Uhrmacher des Ortes und der rechte Läufer der Mannschaft.
"Kompliment", sagte Aha, "sie geht immer noch. Aber zurück zu meiner Geschichte: Das Leben war damals härter als heute. Die Leute schufteten in der Fabrik oder auf dem Feld, nicht hinter 'nem Bankschalter oder 'nem Computer, wie ihr Jungs heute.
Und keiner von uns dachte daran, mit Fußball Geld zu verdienen, obwohl wir jede freie Minute auf dem Sportplatz verbrachten."
Sven, der Tormann, wurde rot, denn es war tatsächlich sein Traum, Nationalspieler zu werden und so viel Geld und so viele Mädels zu haben, wie er wollte.
"Ich bin sicher, viele von euch wissen nicht, dass Wolf", er zeigte auf einen rüstigen Mann, der etwa so alt war wie er selbst, "einen Zwillingsbruder hatte. Rudi und er sahen sich so ähnlich, dass nicht einmal ihre Mutter sie unterscheiden konnte. Egal, ich hab nie in meinem Leben so begeisterte Fußballer gesehen, wie die zwei."
Wolf nickte.
"Wolf war damals rechter Stürmer bei uns. Und alle waren erstaunt, als sein Bruder bei Hatten anfing."
Alle am Tisch runzelten die Stirn. Es grenzte an Blasphemie, dass ein Junge aus Wardenburg in der Mannschaft von Hatten-Sandkrug mitspielte. Besonders, nachdem die Hattener heute gewonnen hatten, dank dem glücklichen – oder unglücklichen – Schuss aus dem Nebel.
"Rudi hatte immer einen starken Widerspruchsgeist", fuhr Aha fort. "Hat sich nie drum geschert, was andere von ihm erwarten. Vielleicht, weil er fünf Minuten jünger war als sein Bruder. Er war immer der Rebell der Familie."
"Kein Grund, zu den Hattenern überzulaufen", knurrte Willi.
"Was ist dann passiert?", fragte Fritz der Uhrmacher.
"Erst mal nichts, obwohl Rudis Verrat nicht gerade zu seiner Beliebtheit beitrug. Andererseits konnten wir ihn verstehen. Wolf war der Erbe des Hofes. Rudi wohnte noch da, aber es war klar, dass er ausziehen musste, sobald Wolf heiratete und den Hof übernahm. Und das stand an, denn Wolf verliebte sich in Renate, das hübscheste kleine Ding in der ganzen Gegend."

"Und dem gesamten Landkreis", sagte Wolf. "Ich muss es wissen, schließlich sind wir seit fast fünfzig Jahren verheiratet."
"Der wirkliche Ärger fing an, als Rudi hier im Wirtshaus Streit mit Jochen Krämer bekam, der damals Mittelstürmer bei uns war", fuhr Aha fort.
"Das war nicht sonderlich geschickt von ihm, denn den Krämers gehörte die Fabrik, und der größte Teil des Ortes."
"Mutig", sagte einer der Spieler.
"Tollkühn", erwiderte Aha. "Er nannte Jochen einen versoffenen lahmarschigen Idioten, der andere die Arbeit machen lässt, wartet bis einer ihm 'ne Vorlage serviert, und dann nur noch den Ball versenkt und den Applaus kassiert."
Es herrschte Totenstille am Tisch. Alle lauschten gebannt Ahas Erzählung.
"Das war todesmutig von Rudi, denn er arbeitete, wie fast alle von uns, in der Fabrik, und würde das wohl sein Leben lang tun. Der Älteste erbt den Hof, das ist die Regel.
Es war nicht sehr weise, sich einen Krämer zum Feind zu machen, und als Rudi dann noch sagte, Jochen sollte doch lieber Tischfußball oder - noch besser – Mau-Mau spielen, sprang Jochen auf und brüllte, dafür werde Rudi bezahlen, das lasse er sich nicht gefallen. Er trank seinen Korn aus, den zehnten des Abends, und stürmte aus dem Lokal."
Die Biere waren ausgetrunken, und wieder schnappte sich Herr Dillinger ein paar Jungs und holte Nachschub.
"Danke", sagte Aha, trank seinen Doppelten, spülte mit einem Schluck Bier nach und setzte seine Erzählung fort.
"Es braute sich ein Gewitter über Rudi zusammen, das wusste der ganze Ort. Jochen konnte ihn nicht feuern, das hätte Ärger mit den Kollegen gegeben, also waren alle gespannt, wie er sich rächen würde.
Aber dass es so knüppeldick kam, damit hatte niemand gerechnet."
"Was ist dann passiert?", fragte einer der Spieler atemlos.
"Das einzige schwere Verbrechen in Wardenburg seit Menschengedenken. Und, außer dass Pennerklaus vor zwei Jahren 'ne Buddel Korn in Friedas Laden geklaut hat, auch das einzige seither.

Die Hattener spielten am folgenden Sonntag. Gegen wen weiß ich nicht mehr. Natürlich standen wir alle am Rand des Spielfeldes, obwohl kaum was zu sehen war. Es war ein Wetter wie heute. Trotzdem, Rudi war in Hochform, jedenfalls in den ersten zehn Minuten."

"Und dann?" Das kam wieder von Willi.

"Dann wurde er erschossen. Die Kugel traf ihn in den Kopf, und er war mausetot, noch bevor sein Körper auf dem Boden aufschlug."

Ein Gemurmel fing an. Bemerkungen wie 'Hat man so was schon gehört?' oder 'Das gibt's doch nicht' gingen herum. Als die Gespräche leiser wurden, und die Leute ihre Aufmerksamkeit wieder Aha zuwandten, machte er weiter mit seiner Geschichte.

"Ihr könnt euch nicht vorstellen, was danach los war. Die Polizei und der Krankenwagen waren im Null Komma Nix da, aber sie konnten Rudi natürlich nicht mehr helfen. Der Mörder ist bis heute nicht gefunden worden, denn der Einzige, der ein Motiv hatte, stand im Publikum, dafür gab es hundert Zeugen. Nicht, dass wir es nicht versucht hätten. Sie haben sogar eine Abordnung von der Kripo geschickt, die es sich in meinem Revier bequem gemacht hat und mir höllisch auf die Nerven gegangen ist. Arrogante Zivile, die alles besser wissen und auf uns Uniformträger runterkucken.

Fast jeder in Wardenburg hatte mindestens ein Gewehr zu Hause. Fußball ist hier das Lieblingshobby, aber die Jagd kommt als zweites. Also haben die Zivilen jedes Haus durchsucht und jede Waffe mit der tödlichen Kugel verglichen. Ohne Erfolg natürlich. Sie haben alle Leute gegrillt, die für die Krämers gearbeitet haben, aber niemand hat auch nur ein Wort gesagt, das hilfreich gewesen wäre. Und nach ein paar Wochen sind die Kripoleute wieder verschwunden, ohne dass sie dem Täter einen einzigen Schritt näher gekommen wären."

Aha nahm einen großen Zug von seinem Bier, er hatte von dem vielen Reden einen trockenen Hals bekommen.

"Obwohl man Jochen Krämer nichts nachweisen konnte, wurde er durch diesen Vorfall noch unbeliebter. Er war immer schon ein großkotziger Schnösel gewesen, und zu viel getrunken hatte er auch, da hatte Rudi völlig recht gehabt. Aber jetzt ging es richtig los: Er schaffte es, durch sein mieses

Management alles innerhalb eines Jahre kaputt zu kriegen, was drei Generationen vor ihm aufgebaut hatten.
Niemand wollte mehr Geschäfte mit ihm machen, und schließlich musste er den ganzen Familienbesitz weit unter Wert verscherbeln.
Keine Angst, zum Saufen hat der Erlös schon noch gereicht."
"Du meinst, er wurde danach zum Alkoholiker?", fragte Herr Dillinger.
"Und wie! Vor Pennerklaus hatte es bei uns nie einen Stadtsäufer gegeben."
"Ich weiß", sagte Sven. "Ihr habt euch abgewechselt."
"Stimmt", antwortete Aha. "Mit Jochen wurde diese Lücke geschlossen. Er wurde nie wieder nüchtern. Im Winter saß er in der Kneipe, im Sommer auf der Bank am Marktplatz, immer mit der Buddel in der Hand. Er schwärmte von den alten Zeiten, als er immer den neuesten Porsche hatte, und alle Mädels hinter ihm her waren. Damals war er der tollste Mittelstürmer der ganzen Gegend, und dieser Rudi war nie eine ernsthafte Konkurrenz für ihn, und mit seinem Tod hatte er nichts zu tun, das schwor er bei der Ehre seiner Mutter. Nach einer Weile konnte niemand mehr sein Gelalle aushalten, und alle machten einen weiten Bogen um ihn.
Tja, und nach ein paar Jahren hatte er es geschafft: Leberzirrhose, noch bevor er dreißig war. Das ist leider das traurige Ende meiner Geschichte."
Was die Wardenburger an Ahas Geschichten liebten, war, dass sie meistens witzig waren und gut ausgingen. Bei dieser war weder das eine noch das andere der Fall, deshalb machte sich am Tisch eine trübe Stimmung breit. Außer Wolf hatte niemand etwas über die Vorkommnisse vor fünfzig Jahren gewusst, der Mord war all die Jahre eine Art Tabu-Thema gewesen.
"Ja, es wird Zeit zu gehen", sagte Herr Dillinger. Das war das Signal zum Aufbruch, die Gläser waren leer, zu Hause wartete das Mittagessen. Alle standen auf und gingen Richtung Tür. Auch Wolf.
Aha nahm ihn am Arm und sagte: "Vermutlich sind wir die Einzigen, die sich noch an die Geschichte erinnern können. Darauf müssen wir noch einen trinken."
"Nein", sagte Wolf. "Renate wartet, es gibt Rinderbraten."

"Bitte", sagte Aha, "es wird nicht lang dauern."
Er holte zwei doppelte Korn von der Theke, zog Wolf an einen Stehtisch am Ende des Raumes, wo niemand sie hören konnte, und fing an: "Ja, mein alter Freund, die Uhr tickt für uns Oldtimer immer schneller, wie du weißt."
"Da hast du recht, da trinken wir drauf", sagte Wolf und hob sein Glas.
Sie stießen an, tranken und Aha sagte: "Warum soll ich mein Wissen jetzt noch für mich behalten, wie ich es fünfzig Jahre lang getan habe?"
Wolf wurde kreidebleich. "Was meinst du damit?"
"Deine Mutter ist schon lange nicht mehr bei uns, und letzte Woche haben wir deinen Vater begraben. Er wurde stolze 95 Jahre alt, Gott hab ihn selig. Ich könnte jetzt an die Öffentlichkeit gehen, aber wozu? Du würdest für dein Verbrechen nicht verurteilt, denn man könnte es dir nicht nachweisen. Aber ich möchte es dir jetzt sagen: Ich hab die ganze Zeit gewusst, dass du deinen Bruder umgebracht hast, Rudi."
Eine Zeit lang war es still, dann sagte Rudi: "Ich konnte es einfach nicht mehr ertragen. Wolf hier, Wolf da, Wolf erbt den Hof und der blöde Rudi darf schauen wo er bleibt, sein Leben lang für diese bescheuerten Krämers malochen. Und dann hat Wolf noch mit Renate angebandelt, dem Mädchen, das ich seit meiner Schulzeit geliebt habe. Deshalb musste er weg."
"Das war für dich ein Grund, ihn kaltblütig zu ermorden?"
"Schlicht und ergreifend: Ja."
"Wie hast du es gemacht? Das hab ich mich immer gefragt."
"Das war nicht schwer. Zuerst hab ich Jochen beleidigt und bis auf's Blut provoziert, um ihm ein Motiv unterzujubeln. Dann hab ich so getan, als hätte ich mir beim Sprung vom Traktor den Fuß verknackst. Nicht schlimm genug, um zum Doktor zu gehen, aber so schlimm, dass ich nicht spielen konnte.
Dann, am Sonntagmorgen, hab ich Wolf überredet, sich als mich auszugeben und bei den Hattenern mitzuspielen. War ein ganzes Stück Arbeit, das kannst du mir glauben. Aber schließlich hatte ich ihn so weit: Er zog mein Trikot an und ging zum Fußballfeld. Und ich hatte genug Zeit, eins der Gewehre zu nehmen und ihn abzuknallen. Bei dem Nebel hat mich niemand gesehen."

"Unglaublich. Sein Vertrauen so auszunutzen..."
"Selbst schuld, das Arschloch. Er hätte mir auch anbieten können, dass wir uns gemeinsam um den Hof kümmern, Platz genug wäre gewesen. Aber nein, der Herr hat es sogar ausgesprochen: Bald heirate ich, hat er gesagt, und dann darfst du Leine ziehen."
"Und Renate? Hat sie nichts gemerkt?", fragte Aha.
"Ob du's glaubst oder nicht: Nein. Sie sagte bloß einmal, ich sei plötzlich viel liebevoller und zärtlicher zu ihr. Punkt für mich. Aber sag mir eins: Woran hast du gemerkt, dass ich der Mörder bin?"
Die Hand, mit der Aha versuchte, Rudi zu ohrfeigen, kam von links, denn es war Ahas Rechte. Trotzdem wehrte Rudi sie mit rechts ab.
"Daran. Du bist Rechtshänder. Und Wolf war Ambidexter. Mit beiden Händen und beiden Füßen gleich geschickt. Es kam mir in den zehn Minuten des Nebelspiels schon komisch vor, dass Rudi auf einmal auch mit beiden Füßen schoss. Und als ich dann mit einem rechtsfüßigen Wolf in einer Mannschaft spielte, war mir alles klar. Komisch, dass das sonst niemand bemerkt hat, aber wahrscheinlich ist das die typische Berufskrankheit bei uns Polizisten."
"Und warum hast du nie was erzählt?"
"Weil deine Eltern das nicht überlebt hätten. Erst der eine Sohn tot, dann der andere lebenslang im Knast. Kein Erbe, der Hof muss verkauft werden, dazu die Schande. Nein, das ging einfach nicht."
"Und darum hast du die Klappe gehalten."
"Ja, Rudi, bis heute. 438.288 Stunden lang."

Ende

Günter in der Grube

Dorfpolizist Bädeken schaute kopfschüttelnd zu dem Toten hinunter und versuchte gleichzeitig, durch das Taschentuch, das er vor Mund und Nase gepresst hielt, nicht allzu tief Luft zu holen. Es stank erbärmlich, und das bei 28 Grad im Schatten, weil der Tote, Günter Gloystein, in seine eigene Güllegrube gefallen war. Mitten im Sommer. Bädeken fragte sich, weshalb immer sein beschauliches Dorf Südmoslesfehn Schauplatz grausiger Unfälle wurde. Dabei gab es eine ganze Reihe Dörfer in der Gemeinde Wardenburg, wo nie etwas passierte. Nicht, dass er es einem seiner Kollegen wünschte, eigenartige Unfällen bearbeiten zu müssen, aber Bädeken fand das ungerecht. Es war nicht einmal fünf Jahre her, als er einen merkwürdigen Fall, in dem eine alte Kreissäge eine entscheidende Rolle spielte, zu untersuchen hatte. Und jetzt schon wieder. Nun ja. Dies hier schien eindeutig ein Unfall zu sein. Günter war offenbar in die Grube gefallen, nachdem er auf dem Schützenfest am Vorabend kräftig dem Alkohol zugesprochen hatte. Das hatte Bädeken selbst beobachtet. Und in solch einem Zustand sollte man sich nicht in einen Kuhstall begeben, wo man zuvor die Grube geöffnet hatte. Schon gar nicht bei Nacht.

Er musste Inspektor Schwarz von der Mordkommission Oldenburg verständigen. Der Kommissar und sein Team waren zuständig für alle ungewöhnlichen Todesfälle im Umkreis, selbst bei so eindeutigen wie diesem. Bädeken wandte sich ab und verließ den Stall. Wieder würde die Spurensicherung anrücken, wieder würde Schwarz Hinz und Kunz vernehmen, anständige Menschen, die keiner Fliege etwas zuleide taten, und Unruhe ins Dorf bringen, und das ausgerechnet jetzt, als die Menschen wegen des Schützenfestes bester Laune waren. Einmal im Jahr waren alle miteinander fröhlich, ausgelassen und, wie Bädeken sich eingestand, auch ein wenig betrunken, na und? Man tanzte, man trank, man feierte, und so manches Jungvolk flirteten auch miteinander. Und nun das.

Außerdem war es Sonntag, noch dazu ein früher Morgen. Sein freier Tag, an dem er nach langer Zeit endlich wieder hätte ausschlafen, danach angeln gehen oder einfach mit seiner Frau bei Kaffee und Kuchen gemütlich im Garten sitzen können, denn die letzten Tage waren hatte kühles Schauerwetter geherrscht. Er war nicht mehr der Jüngste und sein freier Tag dringend notwendig, um Kraft zu tanken für die Herausforderungen, die seine Arbeit hier im Dorf mit sich brachten. Statt dessen hatte in aller Frühe hektisch das Telefon geklingelt und Beatrix George, Günters Nachbarin, ihm wortreich erzählt, sie habe den bedauernswerten Milchbauern leblos in seiner Güllegrube gefunden, nachdem sie hinüber in seinen Stall gegangen war, um nach dem Rechten zu sehen, weil seine Kühe so unruhig waren, dass man sie angeblich durch das ganze Dorf hatte muhen hören können. Günter mochte zwar in vielen Dingen ein Schlurmichel sein, sagte sie, aber seine Kühe hat er immer pünktlich gemolken. Selbst nach durchzechten Nächten, fügte sie hinzu. Seine Kühe waren sein ein und alles, er hegte und pflegte sie, meinte Beatrix, schließlich hatte er niemand anders, für den er hätte sorgen können, nicht einmal eine Frau, na ja, verstehen könne sie das schon ... Bädeken bedankte sich und beendete das Gespräch mit dem energischen Hinweis, dass er jetzt den Unfallort besichtigen musste.

Als er Gloysteins Kuhstall erreichte, hatten sich trotz der frühen Stunde schon einige Dorfbewohner dort versammelt. Sie lauschten hochinteressiert Beatrix Georges Ausführungen zum Fund der Leiche und bekundeten ihr Mitgefühl mit der armen Nachbarin, die einen Kuhstall nun nie wieder unbefangen würde betreten können. Bädeken hatte die Gruppe mit einigen deutlichen Worten schnell aufgelöst. Bei dem Gedanken an das Umfeld des Unfalls befiel ihn heftiges Mitleid mit den Kollegen von der Spurensicherung.

Inspektor Schwarz fuhr am späten Vormittag mit seinem Fahrzeug der gehobenen Klasse auf Gloysteins Hof, wobei er sein Auto geschickt an Kuhfladen vorbeimanövrierte. Er wurde begleitet von seinem Assistenten Schönfeld, dem anzumerken war, dass er einen Einsatz am Wochenende bei schönstem Badewetter überhaupt nicht schätzte. Auch die drei Experten aus Oldenburg, darunter ein Fotograf, waren bald vor Ort. Als sie sich mit ihren Utensilien im Kuhstall zu schaffen machten, drang manch eine Bemerkung nach draußen, die anständige

Autoren nicht niederschreiben. Ein Kuhstall ist eben kein Operationssaal, wo kaum eine überflüssige Faser unentdeckt bleibt, dort ist es immer unsauber, voller Fuß-, Huf- und Karrenspuren, Kuhdung, Stroh- und Futterresten, selbst wenn ein Bauer sich um Sauberkeit bemüht. Und Günter Gloystein war kein Putzteufel gewesen. Die offene Güllegrube aber setzte dem Ganzen noch die Krone auf. Die Mitarbeiter des Bestattungsinstituts, welches man herbeigerufen hatte, atmeten tief durch, so weit es die güllegeschwängerte Luft zuließ. Die Leiche zu bergen und in die Gerichtsmedizin zu schaffen, erforderte Nerven aus Stahl.
Bädeken stand mit den Bestattern vor dem Kuhstall und blickte gedankenverloren über Weiden und flaches Land, denn die Leute vom Institut konnten erst tätig werden, wenn die Herren aus Oldenburg mit ihrer Arbeit fertig waren. Als Schwarz nach vielen Minuten schweigsamen Betrachtens des Unglücksortes endlich sprach, sagte er: „Der Geruch hier lädt nicht gerade zum längeren Verweilen ein. Ich habe genug gesehen," zupfte ein Hälmchen Stroh von seinem Revers und wandte sich ab. Bädeken fragte sich, wie dieser Kommisssar es schaffte, in seinem italienischen Sakko bei mittlerweile gefühlten 35 Grad nicht zu schwitzen.
„Herr Kollege," sprach Schwarz den Dorfpolizisten an, „was wissen Sie über den Verunglückten? Hatte er Familie, Freunde, eventuell Feinde? Wer könnte uns sagen, was er in den Stunden vor seinem Tod gemacht hat?"
Bädeken kratzte sich am Kopf. Wieso wollte Schwarz etwas über Feinde wissen? Es handelte sich doch eindeutig um einen Unfall! Er wusste nicht recht, was er ihm sagen sollte. „Gloystein war alleinstehend. Von Verwandten weiß ich nichts. Freunde hat er sich hier nicht gerade gemacht, aber Feinde...? So würde ich es nicht ausdrücken. Gestern Abend habe ich ihn noch auf dem Schützenfest gesehen. Er war ein wenig angetrunken. Das ist alles, was ich dazu sagen kann."
„Sie waren auch auf dem Schützenfest?" Schwarz' Miene schien ein wenig amüsiert, wie Bädeken es befürchtet hatte.
„Oh ja! Selbstverständlich!" Bädeken nahm eine selbstbewusste Haltung ein. „Es ist das größte Fest hier im Dorf und findet nur einmal im Jahr statt. Es gibt kaum einen, den es nicht in seinen Bann zieht. Es treffen sich Jung und Alt,

Schützen, Bauern, Jäger und die gesamte Dorfbevölkerung, um miteinander fröhlich zu feiern! Hier auf dem Land gelten Brauchtum und Zusammenhalt noch etwas! Und außerdem muss ich dienstlich präsent sein." Was bildete sich Schwarz bloß ein?
„Ah ja. Haben Sie Herrn Gloystein zufällig dabei beobachtet, mit wem er zusammen war und wie viel er getrunken hat?"
„Nicht direkt, da müssen Sie schon Olli, äh, Herrn Oltmanns, den Wirt vom Moslesfehner Brückenhaus, fragen. Ich konnte schließlich nicht alle Gäste im Auge behalten. Aber ich sah ihn gegen zwei Uhr nach Hause gehen."
„Wann haben Sie das Fest verlassen?"
„Gleich darauf. Ich muss bei solchen Gelegenheiten - leider, möchte ich manchmal sagen - ziemlich lange wachsam sein."
Inspektor Schwarz lief, die Hände hinter dem Rücken verschränkt, auf dem Hof auf und ab. Seine in Falten gelegte Stirn verriet, dass er angestrengt nachdachte.
„Haben Sie eine Erklärung dafür, weshalb die Güllegrube geöffnet war?"
„Wahrscheinlich wollte Günter Gülle fahren." Die Leute aus der Stadt können manchmal eigenartig einfältige Fragen stellen, dachte Bädeken. Geduldig erklärte er: „Es hatte bis vorgestern tüchtig geregnet, und da waren die Weiden noch zu nass für die schweren Güllewagen. Vielleicht hat er auch nur die Bretter saubermachen wollen. Wenn die Grube voll ist, muss man diese unangenehme Aufgabe leider erledigen."
„Lässt man die Grube dann offen, eventuell auch über das Wochenende?"
„Tja, wenn man es mit der Ordnung nicht so genau nimmt ..."
„Was glauben Sie, ist passiert, weshalb der Tote mit dem Gesicht nach oben in der Gülle liegengeblieben ist?"
„Wie soll ich diese Frage verstehen? Wahrscheinlich ist er gestolpert, hat sich im Fallen gedreht und ist dann mit dem Rücken voran direkt in die Sch..., ich meine Gülle gestürzt. Aber um das zu klären, hat die Polizei je die Experten aus der Stadt."
Schwarz verzog keine Miene. „Herr Kollege, Sie sind ja der Experte vom Land. Ist es hier üblich, dass man Güllegruben leert, selbst wenn sie nicht ganz voll sind?"
„Eigentlich nicht. Was wollen Sie damit sagen?"

Schwarz war plötzlich stehengeblieben und blickte auf seine bisher tadellos glänzenden italienischen Schuhe hinunter. An der rechten Schuhsohle klebten unübersehbar die Reste eines Kuhfladens. „Sie haben doch selbst einen Blick in Gloysteins Kuhstall geworfen, nehme ich an. Ist Ihnen da nicht aufgefallen, dass die Grube noch längst nicht gefüllt war?"
„Nun ja, vielleicht wollte Gloystein das gute Wetter nutzen ..."
„An einem Sonntag?"
„Ein guter Bauer kennt kein Wochenende."
„Und warum sollte er nachts in den Stall gehen? Noch dazu in seinem nicht ganz trittsicheren Zustand?"
„Günter Gloystein war ein sehr gewissenhafter Bauer. Fragen Sie Frau George. Vielleicht wollte er seinen Kühen nur ‚gute Nacht' sagen! Und was die Trittsicherheit anbelangt – da hat sich schon manch einer überschätzt!"
Schwarz warf Bädeken einen durchdringenden Blick zu, bevor er Schönfeld zu sich rief und beide mit dem Wagen davonfuhren.

Das Moslesfehner Brückenhaus war ein Traditionshaus, das im Umkreis von zwanzig Kilometern für gute Saalgastronomie, leckeren Grünkohl und frisches Bier bekannt war. Schwarz parkte den Wagen auf dem Platz vor dem Haus. Einige Fahrräder lehnten an der Wand. Es war anscheinend schon Betrieb an der Theke, denn durch die geöffnete Tür drang das Gelächter mehrerer Herren. Als Schwarz und Schönfeld eintraten, sahen sie etwa ein halbes Dutzend Gäste auf Barhockern beim Frühschoppen vor dem Ausschank und ein paar weitere an Tischen sitzen. „Olli, noch dreimal Tagessuppe!" rief einer von ihnen dem Wirt zu, der hinter der Theke Gläser polierte.
„Kommt gleich, Alois!" rief der zurück und begann, zwei weitere Pils zu zapfen.
Inspektor Schwarz drängte sich zwischen zwei älteren Herren hindurch und fragte den Wirt: „Herr Oltmanns?"
Der Wirt, ein großer, kräftiger Endvierziger mit Vollbart, nickte. Schlagartig verstummten Gelächter und Gespräche in der Schankstube. Man musterte die beiden Fremden, die schon allein aufgrund ihrer Aufmachung Aufsehen erregten.

„Inspektor Schwarz, Kripo Oldenburg. Und dies ist mein Kollege Schönfeld.“ Er deutete auf seinen Assistenten. „Dürfen wir Ihnen ein paar Fragen stellen, vielleicht an einem Ort, wo wir uns ungestört unterhalten können?“ Er warf einen kurzen Blick in den Raum.
„Ist was passiert?“ Oltmanns hielt abrupt in seinen Bewegungen inne. Als er keine Antwort bekam, wandte er sich um und rief durch eine geöffnete Tür, die offenbar zur Küche führte: „Uschi! Mach mal eben Theke! Die Polizei will mich sprechen!“ Im Schankraum hätte man jetzt eine Stecknadel fallen hören können.
In der Jägerstube nebenan war nur noch verhaltenes Gemurmel aus dem Schankraum zu hören. Sie saßen unter einem kapitalen Hirschgeweih. „Herr Oltmanns, wie uns der Kollege Bädeken mitteilte, haben Sie gestern auf dem Schützenfest Getränke ausgeschenkt und dabei Gelegenheit gehabt, die Gäste zu beobachten. Ist das richtig?“
„Ja, aber wollen Sie mir nicht endlich sagen, was passiert ist?“
„Günter Gloystein wurde heute früh tot in seiner Güllegrube gefunden. Und wie man uns sagte, hat er zuvor auf dem Schützenfest ein bisschen tief ins Glas geschaut.“
Dem Mienenspiel des Gastwirtes war nicht zu entnehmen, ob die Nachricht vom Tod eines Dorfbewohners ihn schockierte. Allenfalls schien er erstaunt. „So was! Naja, ein bisschen tief ins Glas geschaut ist leicht untertrieben. Der hat gebechert, was das Zeug hielt!“
„Müssen Sie als Wirt nicht dafür Sorge tragen, dass Ihre Gäste nicht in besorgniserregenden Mengen Alkohol trinken, damit sie nicht tragisch verunglücken?“ fragte Schönfeld und schrieb etwas in sein rotes Notizbuch.
„Ich bin doch nicht das Kindermädchen der erwachsenen Männer hier im Dorf! Einer wie Günter Gloystein, ein gestandenes Mannsbild, kann gut auf sich alleine aufpassen ...“
„Offenbar nicht.“
„Wollen Sie mich jetzt für seinen Tod verantwortlich machen?“ Schönfeld kam es so vor, als wenn sich unter Oltmanns natürlicher Gesichtsröte ein bisschen Blässe breitmachte.
„So weit sind wir noch nicht,“ antwortete Schwarz. „Wir möchten von Ihnen wissen, was Sie gestern Abend

beobachtet haben. Mit wem war Gloystein zusammen, was hat er den Abend über so getan, eben alles, was Ihnen aufgefallen ist."

„Hören Sie, ich hatte noch andere Gäste zu bedienen. Aber soweit ich das mitbekommen habe, hat er zunächst ab und zu getanzt, wie das so üblich ist. Solange er noch konnte." Ein Grinsen wollte sich breitmachen, dann besann er sich aber des traurigen Anlasses. „Später saß er dann mit ein paar Kumpels an der Theke. Der Heinzi und der Sven, ich meine Heinz-Detlef Lüders und Sven Westphal, haben ihm kräftig einen ausgegeben. Verstanden habe ich das, ehrlich gesagt, nicht, denn die beiden lagen sich jahrelang mit Günter über Kreuz. Und dann, so gegen zwei, ist er gegangen, oder eher hinausgewankt."

„Bevorzugte Herr Gloystein beim Tanz bestimmte Damen?" Schönfeld wartete, den Kugelschreiber schreibbereit, auf eine Antwort.

„Naja, die Martina Wiesenhuber war wohl seine Favoritin, aber der Alois, ihr Mann, hat schon aufgepasst, daß er ihr nicht zu nahe kam. Die beiden sind vor kurzem aus Bayern in das Haus neben Gloystein gezogen. Wir alle rätseln seither, weshalb sie Bayern verlassen haben. Der Günter ist zu der Zeit geradezu aufgeblüht! Man hat die Martina bei ihm oft ein- und ausgehen sehen, sie ist ja auch ein hübsches Mädchen, viel jünger als ihr Mann. In Gloysteins Alter eben. Sie sagte, sie brachte dem Günter manchmal etwas Essen rüber, wenn was übrig war vom Mittag, oder half ihm bei der Wäsche. Gut, wer's glaubt ... Bei der Wäsche helfen kann man so oder so verstehen!" Der Wirt grinste anzüglich. „Aber plötzlich war Schluss mit lustig. Da hat der Alois wohl mal mit der Faust auf den Tisch gehauen. Schließlich haben die beiden zwei kleine Kinder, und das Gerede in der Nachbarschaft ..."

Schwarz nickte. Er beobachtete, wie Schönfeld eifrig mitschrieb. „Sie deuteten vorhin an, dass Herr Lüders und Herr Westphal sich jahrelang mit Herrn Gloystein nicht grün waren. Wissen Sie dazu Näheres?"

Die Miene des Gastwirtes verschloss sich. Alle Offenheit schien wie weggeblasen. Er zögerte. „Bitte fragen Sie sie selbst, bevor ich hier womöglich Gerüchte in die Welt setze. Als Wirt erfährt man sicherlich allerhand, aber eine

Dorfchronik dürfen Sie nicht von mir erwarten. Und überhaupt, was hat das alles mit Gloysteins Tod zu tun?“
Schwarz antwortete nicht, sondern betrachtete eingehend seine Schuhe. Schönfeld kannte diese Art, wie sein Chef zu meditieren pflegte. Manchmal brachte er damit seine Unzufriedenheit mit der Befragung zum Ausdruck. Der Gastwirt rutschte unruhig auf seinem Stuhl hin und her. Er wartete offenbar darauf, daß man ihn endlich entließ.
„Eine Frage noch, Herr Oltmanns.“ Schwarz erhob sich. „Haben Sie beobachtet, wann die Gäste Wiesenhuber, Lüders und Westphal das Festzelt verlassen haben?“
„Wiesenhubers gingen schon früh, so gegen zehn. Na ja, für die Bayern ist so ein norddeutsches Schützenfest wohl nicht gerade das, was sie gewohnt sind. Hier trägt man eben keine Lederhosen ...“ Er lachte, wurde aber gleich wieder ernst, als er sah, dass Schwarz keine Miene verzog. „Lüders und Westphal haben sich gegen halb zwei von mir verabschiedet. Wir haben noch kurz über das Fußballturnier gesprochen haben. Wir spielen nämlich in derselben Mannschaft.“
„Und wann sind Sie selbst gegangen?“
„Nach dem Aufräumen, als keiner mehr da war. So gegen halb drei.“
„Wo finden wir Lüders und Westphal?“
„Im Schankraum beim Frühschoppen. Wie jeden Sonntag.“
Schönfeld ließ sich lieber die Adressen der beiden geben, bevor sie gingen.

Als sie wieder im Wagen saßen, tupfte Schönfeld sich mit einem Taschentuch Schweiß von der Stirn. „Chef, würden Sie bitte die Klimaanlage einschalten?“
Schwarz fuhr den Wagen ein Stück weiter in den Schatten einer großen Eiche. Sie öffneten die Türen, blieben aber sitzen. Schönfeld befürchtete, er würde bald einen dicken Schweißfleck auf dem hellen Ledersitz hinterlassen, mochte aber auch nicht aussteigen. „Wen befragen wir als nächstes?“ fragte er und warf einen Blick in sein Notizbuch.
„Frau George. Bädeken sagt, sie hätte den Toten gefunden und die Polizei benachrichtigt. Sie soll recht geschwätzig sein, aber das kann uns ja nur recht sein.“ Schwarz zog

entschlossen die Fahrertür zu, die mit einem satten Geräusch ins Schloss fiel.
Beatrix George schien hocherfreut über den Besuch der Polizei, noch dazu so hoher Herren. Sie war eine Frau Anfang fünfzig, ein wenig rund um die Hüften, aber mit erstaunlich glattem, rosig glänzendem Gesicht. Ihr graues Haar hatte sie zu einem Dutt hochgesteckt. „Bitte kommen Sie gleich durch in den Garten und setzen Sie sich auf der Terrasse," sagte sie strahlend und schob sie einen schmalen Flur entlang quer durchs Haus. „Das schöne Wetter sollte man ausnutzen, wer weiß, wie lange es sich noch hält! Ich habe heute früh Kuchen gebacken, das Mittagessen muss dann noch warten, sicherlich möchten Sie sich ein wenig stärken, wo Sie doch hier so schwer arbeiten müssen, an einem Sonntag obendrein, also, wenn ich sonntags arbeiten müsste, das wäre nichts für mich, Sie müssen wissen, früher war ich Büroangestellte ..." Der Rest des Satzes ging in Tellergeklapper unter. Schwarz und Schönfeld warfen sich einen Blick zu, als werde noch einiges auf sie zukommen.
Im Garten auf der Terrasse trafen sie auf ihren Mann, einen unscheinbaren Herrn mit Halbglatze. Sie gaben sich die Hand. Wenn seine Gattin der Worte zuviel sprach, so schien es Herrn George eher daran zu mangeln, denn außer einem dahin gemurmelten „Guten Tag, die Herren!" schwieg er, bis seine Frau mit einem Tablett voller Kaffee, Kuchen und Geschirr erschien.
„Wissen Sie, ich bin so froh, dass Sie kommen. Sie glauben ja gar nicht, wie mich dieser grausige Fund heute früh mitgenommen hat, ich stehe ja noch immer unter Schock." Sie verteilte Geschirr und Schwarzwälder Kirsch. Ihr Mann griff zur Kaffeekanne.
Schönfeld wandte sich an Herrn George. „Haben Sie heute Nacht, so zwischen zwei und drei, etwas Ungewöhnliches auf dem Nachbargrundstück bemerkt?"
„Nein." „Ja!" Es klang wie aus einem Munde. Herr George schüttelte den Kopf. Seine Frau nickte heftig.
„Nein!" wiederholte ihr Mann energisch. „Wir haben nichts bemerkt." Er sah sie durchdringend an.
Beatrix schnappte nach Luft. „Aber Eberhard ... dieser Lärm im Stall!"

„Sie müssen verstehen, dass meine Frau nach diesem aufwühlenden Ereignis noch ein wenig durcheinander ist.“ Er warf, Verständnis heischend, einen besorgten Blick auf Beatrix.
„Bitte lassen Sie Ihre Frau erzählen. Jeder auch noch so kleine Hinweis könnte wichtig sein.“ Schwarz lächelte sie aufmunternd an. Er beobachtete, wie Eberhard George seine Hand auf den Arm seiner Frau legte, doch wirkte diese Geste nicht fürsorglich, sondern so, als wollte er ihr Handschellen anlegen.
Beatrix wirkte plötzlich verunsichert. „Also, wenn ich es mir genau überlege, so können es auch ein paar Heimkehrer vom Schützenfest gewesen sein, Sie wissen schon, die singen dann manchmal, lachen und reden sehr laut, wie das so ist, wenn man viel trinkt ...“
Ihr Mann verzog keine Miene. „Können wir Ihnen sonst noch behilflich sein?“
„Was wissen Sie über die Lebensumstände Günter Gloysteins?“ Schönfeld zog sein Notizbuch hervor. „Mit welchen Personen verkehrte er?“
„Also, als Nachbarin bekommt man ja so manches ...“
Abermals wurde Beatrix von ihrem Mann unterbrochen. „Hier lebt jeder mehr oder weniger für sich,“ sagte er. „Wir haben uns nie besonders für unsere Nachbarn interessiert, und wir wünschen selbst auch keine übertriebene Aufmerksamkeit. Nicht wahr, Liebes?“ Er wandte sich an seine Frau, die gezwungen lächelte. „Günter Gloystein war alleinstehend und bekam selten Besuch,“ fuhr ihr Mann fort. „Haben Sie sonst noch Fragen?“
„Nein, das war’s schon. Vielen Dank.“ Schwarz trank mit wenigen Schlucken seinen Kaffee aus und stand auf, ohne die Torte auch nur angerührt zu haben. Schönfeld bemühte sich, noch schnell den Rest seines Stückes aufzuessen. „Vorzüglich!“ murmelte er. Der Inspektor überreichte mit vollendeter Höflichkeit Beatrix George eine Visitenkarte. „Wenn Ihnen doch noch etwas einfallen sollte, zögern Sie bitte nicht, mich anzurufen.“
Die beiden Polizisten verabschiedeten sich. „Wir finden alleine hinaus,“ sagte Schwarz, und sie verließen schnellen Schrittes über einen tadellosen Rasen hinweg den spätsommerlich

blühenden Garten. Als er die Gartenpforte hinter sich zuzog, war es Schönfeld, als befände sich das Ehepaar George bereits im schönsten Streit.
„So kommen wir nicht weiter,“ stöhnte Schwarz, als sie wieder im Auto saßen. „In diesem Dorf wird gemauert, das ist fast schon kriminell. Die George hat etwas gehört, hundertprozentig, und auch der Wirt weiß mehr, als er zugibt. Spielt Fußball mit Lüders und Westphal und will nichts Genaues über deren Querelen mit Gloystein wissen? Wenn man seinem Ärger Luft machen will, wo sonst als am Stammtisch oder im Vereinsheim? Nein, da stimmt was nicht, und da liegt der Hase im Pfeffer.“

Heinz-Detlef Lüders war nicht zu sprechen. Seine Frau, eine kleine, rundliche Person, ließ die beiden Polizisten gar nicht erst ins Haus, sondern teilte ihnen auf der Schwelle mit, ihr Mann befände sich im wohlverdienten Mittagsschlaf. Sie sollten doch bitteschön in etwa einer Stunde wiederkommen.
„Liebe Frau Lüders,“ entgegnete Schwarz, „was glauben Sie, wie sehr wir uns nach einem Stündchen Schlaf sehnen? Aber wir müssen unsere Pflicht tun, und zwar jetzt.“
Sie ließ die beiden widerwillig eintreten und im Wohnzimmer Platznehmen, während sie ihren Mann wecken ging. Schönfeld wunderte sich, wie angenehm kühl es in einem alten Bauernhaus mit seinen niedrigen Fenstern sein konnte.
Lüders’ graues Haar war vom Schlaf noch ungeordnet, die geröteten Augen verrieten Alkoholgenuss, und sein Gesichtsausdruck zeigte nicht gerade Freude über den Besuch, als er eintrat. „Was kann ich für Sie tun? Hat es was mit Gloystein zu tun? Hab’ schon gehört, den hat’s erwischt.“
„In der Tat ist Herrn Gloystein etwas zugestoßen. Sie waren einer der letzten, die ihn lebend gesehen haben.“ Inspektor Schwarz war aufgestanden und schaute wie in Gedanken aus dem Fenster. „Wie man uns mitteilte, gab es in der Vergangenheit ein paar Unstimmigkeiten zwischen Ihnen. Welcher Art waren diese?“
„Wer erzählt denn so was? Alles Quatsch. Der Günni und ich waren zwar nicht unbedingt Freunde, aber wie das im Dorf so ist - mal trinkt man einen zusammen, dann wieder nicht.“

„Welcher Art Unstimmigkeiten?“ Schönfeld zückte sein Notizbuch.
„Na ja, im letzten Winter, vielleicht erinnern Sie sich, es waren 15 Grad unter Null, da habe ich Ende Februar, weil die Güllegrube voll war bis obenhin, ein bisschen was davon nicht ganz legal ausgebracht, und davon ist auch was in den Graben gelangt. Das hat wohl jemand beobachtet und mich angeschwärzt. Lange Zeit dachte ich, dass der Günter das gewesen war.“
„Aber sicher sind Sie nicht?“
„Nee, das war ’ne anonyme Anzeige.“
„Wieso glauben Sie, dass Herr Gloystein Sie angezeigt hat?“
„Reine Intuition.“
„Wann waren Sie letzte Nacht zu Hause?“
„Wieso? – Erika! Wann war ich gestern zu Hause?“ rief er durch die Wohnzimmertür.
„Gegen Zwei. Und Du hast dich gleich ins Bett gelegt und geschnarcht wie ein ...“
„Entschuldigen Sie. Meine Frau hat einen leichten Schlaf.“

Als die beiden Polizisten in der Neubausiedlung bei Westphal/Rüdebusch klingelten, öffnete eine kleine, blonde, hübsche junge Frau die Tür und erklärte auf Nachfrage, dass ihr Sven nicht zu Hause sei.

„Dürfen wir trotzdem eintreten?“

Sie führte sie in ein modern eingerichtetes Wohnzimmer. „Kann ich Ihnen etwas zu trinken anbieten?“ fragte sie, doch bevor Schönfeld Ja rufen konnte, bedankte sich Schwarz schnell und verneinte energisch.

„Frau Westphal ...“

„Wir sind nicht verheiratet. Sven und ich wollten uns erst ein Nest bauen.“ Sie kicherte und errötete leicht. „Ich heiße Rüdebusch.“

„Frau Rüdebusch,“ begann Schönfeld, während er etwas in sein Notizbuch schrieb. „Wann kam Ihr Sven gestern nach dem Schützenfest nach Hause?“

„Oh, das muss so gegen zwei gewesen sein. Ich habe schon geschlafen, aber mein Sven ist immer so zärtlich, wenn er spät nach Hause kommt, und da bin ich aufgewacht und habe zufällig auf die Uhr gesehen. Warum fragen Sie mich das?"

„Weil er einer der letzten gewesen ist, die Günter Gloystein lebend gesehen haben."

„Gloystein ist tot?" Sie schlug sich die Hand vor den entsetzt geöffneten Mund.

„Ja, tragisch verunglückt. Können Sie uns sagen, was zwischen Ihrem Sven und Herrn Gloystein in der Vergangenheit vorgefallen ist?"

„Vorgefallen? Wieso? Nein. Meinen Sie vielleicht die Grundstücksgeschichte?"

„Wir meinen gar nichts." Schönfeld blickte sie unschuldig an. Schwarz betrachtete derweil das Foto eines jungen Mannes in Schützenuniform auf dem Kaminsims.

Sie dachte einen Augenblick nach. „Da war was mit einem Grundstück, aber das hat er mir nie genau erzählt. Wie Männer so sind ..." Sie kicherte wieder, etwas verlegen diesmal. „Der Gloystein hat meinen Sven vor kurzem wohl irgendwie übers Ohr gehauen. Aber Genaues weiß ich nicht."

Sie saßen wieder im Wagen, im Schatten der dicken Eiche, die Türen geöffnet. Schönfeld hatte den Wirt überredet, ein frisch gezapftes Bier mit nach draußen nehmen zu dürfen, wischte sich nun genussvoll den Schaum von der Oberlippe und blätterte in seinem Notizbuch. „Was ist mit Wiesenhubers?" fragte er. „Sollten wir die nicht auch vernehmen?"

„Und was werden die uns sagen? Dass sie um halb elf im Bett waren." Schwarz zuckte resigniert die Schultern, zog sein Mobiltelefon aus dem Innenteil seines Sakkos und tippte eine Nummer ein. „Bin gespannt, was die Spurensicherung herausgefunden hat," meinte er, dann sprach er in das Telefon. Schönfeld beobachtete, wie sein Chef ab und zu ungläubig den Kopf schüttelte. Schließlich sagte Schwarz: „Das ist ja nicht zu fassen. Tja, nützt ja nichts. Vielen Dank."

Er steckte sein Telefon ins Sakko zurück und sah Schönfeld mit seinem Uns-bleibt-auch-nichts-erspart-Blick an. „Die Spurensicherung hat im Stall kein Indiz dafür gefunden, daß vergangene Nacht Dritte dort waren. Abdrücke von Gummistiefeln gibt es zwar zuhauf, aber die besitzt hier ja jeder. Wir können schließlich nicht das ganze Dorf verdächtigen. Auch in der Gerichtsmedizin hat man bisher keinen Hinweis darauf gefunden, dass Fremdverschulden vorliegt. Die Gülle hat viele Spuren vernichtet. Aber ich weiß, dass Gloystein ermordet wurde! So, wie der in der Grube lag! Und Motive und Gelegenheiten gab es genug. Eifersucht, Rache … Meiner Meinung nach hat es sich folgendermaßen abgespielt: Einer hat in der Nacht die Grube geöffnet. Zwei haben ihn auf dem Schützenfest abgefüllt. Schließlich ist ihm jemand auf dem Nachhauseweg gefolgt. Ein anderer hat ihn in den Stall gelockt. Dann ging alles ganz schnell. Ein lauter Wortwechsel, ein bisschen Gerangel, ein Stoß, und Gloystein war nicht mehr zu retten. Bloß, wer war's?"

Schönfeld wusste darauf natürlich auch keine Antwort. Er blätterte verlegen in seinem Notizbuch. „Die Befragten haben alle ein Alibi."

Schwarz winkte ab. „Watteweich! Wer kann nach einem feuchten Abend auf dem Schützenfest schon genaue Zeitangaben machen!"

„Wir haben aber nichts in der Hand!"

Schwarz nickte ratlos. Doch plötzlich kam Klarheit in seinen Blick. „Sagen Sie, Schönfeld, was war gestern Abend für ein Wetter?"

„Wieso? Nach dem heftigen Regen an den Tagen zuvor war es klar, aber nachts noch ziemlich kühl. Ich bin selbst noch spät unterwegs gewesen …"

Schwarz warf ihm einen interessierten Blick zu. „Ach was?! - Mussten Sie eine Jacke überziehen?"

Schönfeld blickte irritiert zurück. „Ja, aber warum …"

„Dann lassen Sie uns hoffen, dass am nächsten Sonntag kühles Wetter herrscht."

Am Sonntag darauf hatten Inspektor Schwarz und sein Assistent Glück. Nach einer wunderbaren Sommerwoche ohne Regen zogen wieder Schauer über das Land, und es war deutlich kühler geworden. Schwarz hatte, bevor sie nach Südmoslesfehn fuhren, seine Frau darum gebeten, einen Blick in ihren Nähkasten werfen zu dürfen, wo sie auch eine Sammlung Knöpfe aufbewahrte. Sie hatte ihn zwar erstaunt angesehen, war aber die zuweilen etwas bizarren Methoden ihres Mannes gewohnt. Schwarz hatte sich anschließend eine Handvoll Knöpfe in die Sakkotasche gesteckt.

Er parkte wieder den Wagen auf dem Platz vor dem Moslesfehner Brückenhaus. Wieder lehnten einige Fahrräder an der Wand. Es war anscheinend auch schon Betrieb an der Theke, denn durch die geöffnete Tür drang, wie am Sonntag zuvor, das Gelächter mehrerer Herren. Vor dem Betreten des Schankraumes warf Schwarz einen intensiven Blick auf die Garderobe im Vorraum, wo diverse Jacken hingen. Anschließend betrachtete er eingehend seine Knopfsammlung und wählte einen davon aus. Vom Schankraum aus konnte man diesen Vorgang nicht sehen. Schönfeld reagierte ebenso erstaunt wie Frau Schwarz, fragte aber nichts.

Als sie eintraten, bot sich ihnen das typische Frühschoppenbild wie am Sonntag zuvor. Ein paar Gäste an der Theke, andere an Tischen. Schwarz erkannte Lüders und Westphal in einer hinteren Ecke des Raumes. Der dritte Mann am Tisch musste Wiesenhuber sein. Er gab gerade lautstark und mit bairischem Akzent einen Schwank zum Besten. Als sie den Kommissar auf sich zukommen sahen, brach das Gelächter abrupt ab.

Schwarz zog sich einen Stuhl an ihren Tisch und setzte sich zu ihnen. Schönfeld blieb in der Tür zum Schankraum stehen. Alle Augen waren auf den Inspektor gerichtet. Es herrschte absolute Stille.

„Sie können sich denken, weshalb wir hier sind," begann Schwarz und wusste, die Chance war gering, aber er hatte nur diese eine. „Vielleicht können Sie uns behilflich sein. Wir haben etwas bei dem Toten gefunden."

Er legte den Knopf auf den Tisch.

„Scheiße!" rief Lüders. Sein Blick flog zur Tür, hinter der seine Jacke hing.

„Sie erkennen Ihren Knopf?" fragte Schwarz ruhig.

Lüders nickte.

Späte Ruhe

1515

Wulfhard von Porsenberg zügelte sein Pferd Hannes und warf noch einen kurzen Blick zurück nach Wardenburg. Er hatte den Ort gerade gen Osten verlassen und direkt anschließend die Hunte auf der kleinen Brücke überquert, die dort vor ein paar Jahren gebaut worden war.

Es mochte jetzt etwa ein Uhr am Nachmittag sein. Als die Glocken der Kirche den Mittag einläuteten, hatte er gerade die Satteltaschen gepackt und die Gulden seines Oheims ganz unten verstaut. Dann noch seinen Sonntagsstaat darauf gebündelt, so dass er für die Geschäfte in Bremen bestens ausgerüstet war. Alsdann hatte die Verabschiedung von seinem Oheim, seiner Muhme und seinen Basen noch etwas Zeit gekostet. Vor allem Helgard konnte sich kaum von ihm trennen. Doch nach einer kleinen Weile und tausend Schwüren, nur ja schnell wieder zurückzukommen, hatte er sich endlich von allen Mitgliedern seiner Familie verabschiedet, so dass er Hannes am langen Zügel durch das Hoftor auf die Straße führen konnte. Sein Oheim begleitete ihn nach draußen, um ihm noch ein Schreiben und letzte Anweisungen zu geben.

"Reite auf der anderen Seite der Hunte bis du in Richtung Hatten wegschwenkst. Danach weiter durch die Geest – wenn du stramm reitest, solltest du bis heute Abend in Bremen sein. Lass dir am Stadttor den Weg zum ehrenwerten Ratsmitglied und Bürgermeister Daniel von Büren weisen. Ich habe ihn mit einer Depesche informiert, dass ich dich zu ihm schicken werde. Dort wirst du vorstellig und wenn du dich von deinem Ritt wieder umgekleidet und ergo wieder vorzeigbar bist, gibst du ihm diese Nachricht, zusammen mit dem Inhalt der Satteltaschen. Das sind 1000 Gulden – wie mit ihm vereinbart. Er wird dir dann alles weiter sagen – an wen du dich dann wenden musst - etcetera. Hör gut zu, was er dir erklären wird und folge genau seinen Anweisungen. Mach mir keine Schande und zeige den Herren der großen Stadt, dass wir hier auch nicht auf den Kopf gefallen sind. Wenn du alles erledigt hast, beeile dich damit, wieder herzukommen. Denn ich glaube, da gibt es jemanden, der deine Wiederkehr noch sehnlicher erwartet als ich. Und wenn du alles zu unserer Zufriedenheit erledigt hast, können wir hernach auch alle Vorbereitungen für eine Heirat zwischen Helgard und dir abschließen – Na, was hältst du davon, mein Junge? Deinen alten Herren, meinen lieben Schwager, habe ich diesbezüglich auch schon geschrieben. Du siehst also – je mehr du dich eilst – desto besser für alle."

Wulfhard hatte diesen Ausführungen aufmerksam zugehört und als sein Oheim fertig war sich von diesem mit einer Umarmung verabschiedet.

"Ich werde alles tun, wie Ihr es mir beigebracht habt, Oheim. Ich werde Euch nicht enttäuschen. Oh, Ihr könnt Euch sicher sein, dass ich die Hochzeit kaum erwarten kann. Sagt doch Helgard bitte, dass ich sie unendlich liebe und während meiner Reise immer an sie denken werde."

"Solange dich das nicht von deinen Erledigungen abhält und du alles ordentlich vollbringst, kann ich nichts dagegen sagen, mein Junge. Jetzt aber rasch. Sonst bist du heut Abend immer noch hier und nicht in Bremen."

Damit klopfte ihm sein Onkel nochmals gutmütig väterlich auf die Schulter, um ihn dann zu seinem Pferd zu schieben. Hannes stand gelassen da und kaute gelangweilt auf seiner Trense herum, wohl darauf wartend, dass sein Reiter endlich aufsteigen möge. Also schwang sich Wulfhard in den Sattel und nahm die Zügel auf.

"Auf bald, Oheim. Ich werde alles erledigen so schnell es geht. In ein paar Tagen bin ich wieder bei Euch."

Damit hatte Wulfhard ihm zugenickt, sein Pferd am Zügel sanft in Richtung des zu nehmenden Weges gelenkt und ihn leicht mit den Hacken angetrieben.

Dies alles ging ihm nun nochmals durch den Kopf, als er über die Brücke nach Wardenburg zurückblickte. Sein Herz war ihm schwer, das er seine geliebte Helgard verlassen musste – doch dachte er da noch, das er in einigen Tagen wieder zurück sein würde. Und das er sie dann endlich würde heiraten können...

Ein kurzer Stoßseufzer drang von seinen Lippen. Daraufhin wandte er sich wieder nach vorne, dem Wege zu, um so schnell wie möglich nach Bremen und wieder zurück zu kommen. Erneut gab er Hannes leicht mit den Hacken zu verstehen, sich wieder in Bewegung zu setzen und in leichten Trab zu gehen.

Der Wasserlauf der Hunte lag rechts des Weges, der durch ein kleines Gehölz führte. Die Sonne spiegelte sich im Wasser und blendete Wulfhard durch die Reflektionen, die zwischen den Bäumen hindurchschimmerten. So übersah er das Seil, welches auf Reiterschulterhöhe über den Weg gespannt war. Er spürte nur einen Schlag gegen den Brustkorb und dann, dass er nach Luft schnappend am Boden lag.

Hannes war ein kurzes Stück weitergelaufen und stand jetzt an einem Busch am Rand des Weges, um dort Blätter abzuzupfen. Wulfhard setzte sich auf, dabei den Kopf leicht schüttelnd, um ihn wieder klar zu bekommen und um zu realisieren, was da gerade passiert war.

Während er so da saß und sich den Brustkorb rieb, dabei zu Hannes sehend, hörte er Schritte, die sich durch das Gehölz näherten. Als er in die Richtung der Schritte blickte, konnte er nur eine große Gestalt erkennen, die in einem Umhang mit Kapuze gekleidet war und einen Bogen mit aufgelegtem Pfeil locker gespannt in den Händen hielt. Da erst verstand er, dass dieser Unfall kein Zufall gewesen war.

"So... wen haben wir denn da – ist das mein erwarteter Goldesel?" drang die Stimme von der Gestalt zu ihm herüber.

Ein rascher Griff an seinen Gürtel ließ ihn bemerken, dass er seinen Dolch beim Sturz verloren hatte. Ein forschender Blick und er sah seinen Dolch gut zwei bis drei Schritt von ihm entfernt am Boden liegen – in Richtung der Person, die sich ihm mit ruhigen Schritten näherte.

Nein – nicht gut.

Ein Blick zu Hannes – und er erkannte den Griff seines Schwertes, das am Sattel hing.

Viel besser! – und vor allem weiter weg von dem Mann oder der Frau mit dem Bogen – die Stimme hatte er auf die Schnelle nicht zuordnen können. Und so begann er, in Richtung von Hannes auf dem Boden loszukriechen und dann aufzustehen, um zu ihm und damit zu seinem Schwert zu kommen. Hannes blickte ihm nur träge kauend entgegen.

"Nein nein – ganz schlechte Idee..." hörte er es in seinem Rücken erklingen, während er es gerade auf die Füße geschafft und die ersten Schritte zu Hannes hinter sich gebracht hatte. Dann vernahm er das Tönen von Holz, welches erklingt, wenn ein Bogen abgeschossen wird und das Surren eines Pfeils – und ein heißer Schmerz durchfuhr ihn wie ein glühender Schürhaken – und er fiel vornüber auf den Boden, kurz vor Hannes Hufen.

"Tja – wärst du liegen geblieben und hättest mal nicht den tapferen Held spielen wollen. Und noch viel besser wäre gewesen, du hättest die Finger von Helgard gelassen. Dann hätten wir uns das alles hier ersparen können... Vielleicht..."

Langsam kamen die Schritte des Bewaffneten auf ihn zu, während Wulfhard mit dem Gesicht auf der Seite am Boden lag, noch etwa zwei Schritt von seinem Pferd entfernt, dessen Hufe er noch so aus den Augenwinkeln heraus erkennen konnte. Auch wenn sich langsam ein Schleier vor seine Augen zu legen schien. Und je undeutlicher er die Hufe sehen konnte – um so deutlicher konnte er das Gesicht von Helgard vor seinem inneren Auge erkennen. Seine Liebe...

"Helgard..." seufzte er leise, kaum vernehmbar.

"Was? Lass ihren Namen gefälligst aus dem Spiel! Obwohl – es wird eh das letzte Mal gewesen sein, dass du ihren Namen genannt hast. Dir der Name – mir die Frau... Das ist doch eigentlich eine gute Aufteilung, ha ha..."

Der Bewaffnete musste jetzt direkt an seinen Füßen stehen. Doch drang die Stimme von ihm kaum noch durch den Nebel, der Wulfhard zu umgeben schien – und der nur durch das Antlitz Helgards aufgehellt wurde, welches wie ein Leuchtfeuer vor ihm stand. Dann drang noch das Knarren eines sich spannenden - gefolgt vom Tacken des sich auslösenden Bogens an sein Ohr – und Helgards Gesicht erlosch in ihm – und wurde von der Dunkelheit verschluckt, in die Wulfhard versank...

2010

"So – jetzt den großen Bagger. Fahrt ihn da oben hin – dann können wir von dort her die Erde hier abtragen... ja, so ist gut. – Ach, Sandro – nimm dir doch grad mal zwei Schaufeln und Michael hier, und fangt doch dort unten an dem Stumpf der alten Weide schon mal an, den Rest des Wurzelwerks freizulegen, bevor wir mit dem 32er hinkommen. Der macht dann den Rest und zieht den Stumpf ganz raus. Hm... vielleicht am Besten von der Seite aus, wo die Wurzel sowieso schon angehoben wurde, als es den Baum umgeblasen hat."

"Alles klar, Stephan. – Komm, Michi, jetzt zeig ich dir, wie man früher Löcher gegraben hat, als es noch keine Bagger gab, ha ha..."

Beladen mit zwei Schaufeln gingen Sandro und Michael, der gerade sein Schulpraktikum im Bauhof machte, zu der angegebenen Stelle, an welcher ein Teil des Wurzelwerks bereits aus der Erde ragte. Währenddessen luden der Rest der Truppe weiter Werkzeuge und Baugeräte ab.

"So – ich würde sagen, wir fangen hier an. Schaufeln kannst du ja, oder?"

Ein Nicken war die Antwort.

"Gut – das werden wir ja gleich sehen."

Mit einem Augenzwinkern gab Sandro Michael die zweite Schaufel.

"Dann nimm' ma' hier die Schaufel und dann wollen wir mal. Wir graben so, dass wir etwa unter den Rest der Wurzel kommen, damit wir die dann freibekommen. Mal sehen, wenn wir schnell sind, schaffen wir es vielleicht sogar, bevor sie hier mit dem 32er angerollt kommen. Also los."

Leicht drangen die Schaufeln in den trockenen Boden ein. Die ersten Spatenstiche gingen ohne Probleme vonstatten, bis sie plötzlich auf etwas festeren Widerstand stießen.

"Ist hier noch 'ne alte Wurzel, oder was ist das?"

Sie gruben darum herum, bis sich das vermeintliche Wurzelstück lösen ließ und sie einen länglichen, schmutzig weißen, stockähnlichen Gegenstand aus dem Loch holen konnten, der etwa 30 cm lang und an den Enden jeweils verdickt war.

"Äh... sag mal, Sandro – ist das hier ein Knochen?"

"Hm... sieht irgendwie so aus..."

Der Gegenstand wanderte zwischen den beiden hin und her und wurde dabei von allen Seiten betrachtet.

"Ja meine Herren – nennt ihr das hier etwa Wurzel freilegen? Was habt ihr denn da so interessantes?"

"Das haben wir hier gerade aus dem Loch geholt, Stephan. Sieht das aus wie ein Knochen? Was meinst du?"

"Hmm... könnte sein. Habt ihr schon nachgesehen, ob da vielleicht noch mehr liegen? Nicht, dass er einfach irgendwann mal hier angeschwemmt wurde bei einem Hochwasser."

"Öh – nee. Haben wir noch nicht. Aber wart doch grad mal..."

Vorsichtig stieg Sandro in das kleine Loch und besah sich die Wände nochmals genauer. Dann nahm er eine der Schaufeln und kratzte vorsichtig mit dem Schaufelblatt über die Wände des Loches. Als er den linken Rand nochmals bearbeitete, kam auch dort ein länglich weißer dünner Gegenstand zum Vorschein, welches dem ersten Fundstück auf den ersten Blick sehr zu ähneln schien. Sandro ließ ihn gerade wie er war in der Erde stecken und zeigte mit der Schaufel darauf.

"Stephan, meinst du so? Ich glaube, das ist das Gegenstück zu dem, was du gerade hältst..."

"Na toll. Ich glaube, hier werden wir heute nicht viel weiter kommen..."

Protokollierter eingegangener Anruf über Notrufnummer 110 am 12. August 2010 um 09:30 Uhr:

"Jo – moin. Mein Name ist Stephan Schröder. Wir sind hier in Wardenburg an der Hunte, um den Deich und das Ufer zu erneuern, beziehungsweise zu festigen. Dabei sind wir hier beim Graben – so wie's aussieht – auf ein paar Knochen gestoßen."

"Guten Morgen, Herr Schröder. Wo befinden Sie sich noch mal genau?"

"Na, an der Hunte bei Wardenburg, direkt am Deich. Auf der Ostseite... Dazu müssen sie von Wardenburg über die... äh...ach, Mist – wie heißt die Straße doch gleich nochmal..?"

Es klingt, als wenn der Hörer zugehalten wird und man kann gedämpft vernehmen:

"Ey, Jungs, wie heißt die Straße noch mal, die über die Brücke geht?"

"Das müsstest du doch eigentlich wissen – das ist die Huntestraße, Chef."

"Ah gut – und dann?"

"Die nach der Brücke hier auf der Seite ist die 'An den Ruten'."

"Oh – gut. Danke."

Die Muschel wird wieder losgelassen und man hört wieder klar und deutlich:

"Also – sie müssen über die Huntestraße nach Osten fahren, über die Brücke. Von dort müssten sie uns eigentlich auch schon sehen, weil wir mit dem großen Bagger direkt auf dem Deich stehen. Und mit dem Auto müssen sie dann am Ende der Huntestraße rechts abbiegen. Das ist die An den Ruten. Der folgen sie gut 800 Meter und dann am kleinen See wieder rechts zur Hunte. Und dann sind sie schon fast bei uns."

"Gut, Herr Schröder – ich habe den Sachverhalt notiert. Wir schicken Ihnen eine Streife vorbei – die soll sich die Sache mal ansehen."

"Das ist gut. Wann werden die Herrschaften etwa hier sein?"

"Wir schicken Ihnen die Streife, die am nächsten dran und frei ist. Das kann bis zu einer Stunde dauern. Verändern Sie solange bitte nichts am Fundort."

"Selbstverständlich. Wir lassen alles so für ihre Jungs. Danke schön. Ach, und wir schicken ihrer Streife unseren Praktikanten entgegen – der kann sie schneller herführen."

Im Auflegen kann man noch hören: "Ok, Jungs. Dann macht jetzt erst mal da drüben weiter. Und Michi? Ich hab..."

Einsatzbericht von POM Kuhn und PK Schmitzke, Polizeistation Wardenburg, vom 12.08.2010

Wir beendeten gerade die morgendliche Geschwindigkeitskontrolle in der Litteler Straße vor der Grundschule, als wir um 09:35 Uhr den Einsatzbefehl zur Überprüfung eines Knochenfundes an einer Baustelle an der Hunte erhielten.

Wir erreichten die Baustelle um 9:48 Uhr und wurden vom Vorarbeiter der Baustelle, Herrn Stephan Schröder, zur Fundstelle samt den Fundstücken geführt.

Die Fundstelle war ein kleines, frisch gegrabenes Loch an Stumpf eines umgestürzten Baumes in unmittelbarer Nähe des Flusses. Das Loch war ca. 40 bis 50 cm tief und um die ca. 30 cm breit im Quadrat.

Ein Fundstück bekamen wir von Herrn Schröder, ein weiteres war noch im Loch zu erkennen.
Das Fundstück konnte von uns als Oberschenkelknochen identifiziert werden – wahrscheinlich eines Menschen. Aufgrund der Fundstücke und der Fundstelle in freier Natur mussten wir von einem Verbrechen ausgehen, weswegen von uns Verstärkung von der SpuSi angefordert und die Fundstelle im Umkreis von 5 Metern abgesperrt wurde.
gez. Kuhn
gez. Schmitzke

Einsatzbericht der Spurensicherung, Knochenfundstelle Deichbaustelle Hunte Ost
Zeitpunkt der Untersuchung – 12.08.2010, 11:00 – 15:00 Uhr
Mitglieder des Spurensicherungsteams:
KOK Metzler, KHK Kaminski, KOK Kranhold

Um 11:00 Uhr erreichten wir die oben angegebene Baustelle. Vor Ort waren noch POM Kuhn und PK Schmitzke der Polizeistation Wardenburg. Diese zeigten uns das bereits komplett freigelegte Fundstück Nummer 1, sowie das noch in der Fundstelle verbliebene Fundstück Nummer 2. Der Zustand und die Umgebung des Fundortes sind auf den Bildern 1 bis 25 zu sehen. Er befand sich am und teilweise unter dem Wurzelbett einer Silberweide, von welcher nur noch der Stumpf samt Wurzelbett übrig war. Der Baum wurde bei einem der letzten Stürme umgeweht, so dass sich auch ein Teil des Wurzelbettes angehoben hatte. An dieser Stelle wurden oben bezeichnete Fundstücke sichergestellt.
Die weiteren Untersuchungen und Grabungen förderten nach und nach ein komplettes Skelett definitiv menschlichen Ursprungs zu Tage.
Der einzelnen Schritte zur Freilegung des Skelettes wurden entsprechend dokumentiert – zu ersehen auf den Bildern 26 bis 150.
Das Skelett befand sich in gut 40 cm Tiefe, teilweise überdeckt von vorher erwähnten Wurzeln. Über die andere Hälfte der Fundstelle war der Boden vor der Öffnung dicht mit Brombeerranken und Heidelbeersträuchern bedeckt. Dies

führt zu dem Schluss, dass das Skelett bereits mehrere Jahre dort gelegen haben muss.
Von dem Baumstumpf wurde zwecks genauerer Altersbestimmung eine Scheibe abgetrennt. Dabei handelt es sich um den Hinweis Nummer 135.
Bei der Freilegung des Schädels wurde am Hinterkopf ein Loch sichtbar – sowie auf Stirnseite eine weitere kleine Öffnung, in welcher noch etwas festzustecken scheint.
Diese Verletzungen weisen auf einen gewaltsamen Tod hin.
Zur genaueren Untersuchung wurde das Skelett, nach Abschluss der Tatortsicherung und anschließender Wiederfreigabe, in das Institut für Rechts- und Verkehrsmedizin nach Bremen verbracht.
Bei der Bergung des Skelettes konnten mehrere Gegenstände sichergestellt werden:
1 Ring, vermutlich Gold, mit einem grünen Stein in der Fassung – Nummer 123
Silberkette mit Anhänger in Tropfenform, wahrscheinlich graviert – Nummer 126

gez. Kranhold, Metzler, Kaminski

Polizeibericht in der Nordwest-Zeitung, am Freitag, den 13.08.2010
Tatort Huntedeich?
Bei Baumaßnahmen zur Erhaltung und Verfestigung des Huntedeiches samt seiner Grünflächen wurde das Skelett eine Menschen gefunden. Nach ersten Untersuchungen hat dieses Skelett bereits seid mehreren Jahren an Ort und Stelle gelegen. Die Ermittlungen wurden aufgenommen. Wenn neue Erkenntnisse vorliegen, werden wir Sie selbstverständlich informieren.

Aufzeichnung der Untersuchung des Wardenburger Skelettes im Institut für Recht- und Verkehrsmedizin Bremen
Untersuchungsdatum: 16. August 2010 – 11:15 Uhr
Untersuchung wurde vorgenommen von Dr. med. Klara Paulsen

Das Geschlecht des gefundenen Skelettes ist Männlich. Die Größe beträgt etwa 170 cm, diese Schätzung wird durch die Vermessung des Oberschenkelknochens unterstützt. Die Knochen sind normal entwickelt und ausgebildet – so dass das Alter etwa zwanzig Jahre sein dürfte – oder etwas darunter.
Der Schädel weist ein Loch im Os Occipitale auf. Des Weiteren wurde von mir aus dem Os Frontale eine dreieckige, stark verrostete Eisenspitze entfernt, welche aufgrund der Form wohl die Spitze eines Pfeils sein dürfte. Die Verbindung der beiden Punkte von Os Frontale zu Os Occipitale ergibt einen Eintrittswinkel von 46°. Damit hat sich der wahrscheinliche Schütze entweder am Boden hinter dem Opfer befunden, oder im Gegenzug lag das Opfer am Boden und der Schütze stand hinter ihm.
Auch konnten bei genauerer Untersuchung des Brustkorbes eine weitere Beschädigung der Knochen festgestellt werden, die vom Profil her der gefundenen Pfeilspitze entsprechen.
Durch eine Untersuchung der Knochen mit der 14C-Methode ist das Alter des Skelettes auf das frühe 16. Jahrhundert zu datieren. Die Todesursache war vermutlich der Schuss eines Pfeils in den Hinterkopf.
Untersuchungsbericht – Ende.

Notiz an Pressestelle der PI Delmenhorst/Oldenburg-Land vom 17.August 2010
Bitte kurz Rücksprache nehmen wg. Skelettfund/Wardenburg
gez. Leiter der PI

Polizeibericht in der Nordwest-Zeitung am Donnerstag, den 19.08.2010
Mord aus Eifersucht?
Wie die Gerichtsmedizinischen Untersuchungen ergaben, handelt es sich bei den aufgefunden Überresten um einen Mann Anfang zwanzig. Der unbekannte Tote erlag aller Wahrscheinlichkeit nach einem Pfeilschuss in den Kopf.

Da bei und an den sterblichen Überresten noch Schmuckstücke gefunden wurden, geht die Polizei nicht von einem Raubmord aus, sondern vermutet den Täter im persönlichen Umfeld des Opfers und schließt auch eine Beziehungstat nicht aus.
Weitere Untersuchungen bezüglich des Täters können leider nicht mehr vorgenommen werden, da die schändliche Tat bereits vor gut 500 Jahren stattfand.

Eingegangene E-Mail an die PI Delmenhorst/Oldenburger Land vom 19.08.2010 – 17:23 Uhr
Betreff: Polizeibericht von heute "Mord aus Eifersucht?" sowie vom 13.08. "Tatort Huntedeich"

Sehr geehrte Damen und Herren,
ich verfolge immer mit großem Interesse Ihren aktuellen Informationen in der örtlichen Presse. Bei der heutigen o.g. Meldung fiel mir die abschließende Bemerkung auf, das die Tat vor gut 500 Jahren stattgefunden haben soll und dass es sich vielleicht um eine Beziehungstat gehandelt habe könnte.
Ich bin wissenschaftlicher Mitarbeiter am Institut für Geschichte an der Carl von Ossietzky-Universität in Oldenburg. Mein Aufgabenbereich ist die Überprüfung und Klärung historischer Daten des Oldenburger Einzugsbereiches mit Hilfe des Niedersächsischen Landesarchivs – Staatsarchiv Oldenburg.
In diesem Zusammenhang durfte ich mich auch mit der Warden- und Westerburger Geschichte ausgiebig beschäftigen. Ich halte es daher für möglich, dass ich Ihnen vielleicht Informationen über das gefundene Opfer geben kann, da es einen belegten Fall von ungeklärtem Verschwinden aus dem Jahre 1515 gibt. Der Vermisste in diesem Fall hat sich meines Wissens im angegebenen Altersbereich befunden.
Gerne würde ich mich diesbezüglich mit einem Mitarbeiter Ihrer Dienststelle unterhalten.
Ich werde morgen nochmals die genauen Informationen nachschlagen und würde Ihrem Mitarbeiter dann in den

nächsten Tagen für ein Gespräch mit den entsprechenden Unterlagen zur Verfügung stehen.
Mit freundlichen Grüßen,
Birk Drude

E-Mail-Ausgang an Birk Drude, Uni Oldenburg vom 20.08.2010 – 13:50 Uhr
Antwort auf Ihre Mail von gestern

Sehr geehrter Herr Drude.
Vielen Dank für Ihr Interesse.
Gerne können Sie am Montag, den 23.08., zu unserer Polizeistation in Wardenburg kommen – oder wenden Sie sich direkt an ihre Polizeiinspektion in Oldenburg. Die Kollegen vor Ort werden uns dann alle nötigen Informationen zukommen lassen.

Mit freundlichen Grüßen,
PK Sabrina Müller, PI Delmenhorst/Oldenburg-Land

Tonband-Mitschnitt der Befragung von Herrn Birk Drude zum Skelettfund/Huntedeich – Wardenburg vom 23.08.2010 in der PI Delmenhorst/Oldenburg-Land
Die Befragung führte durch: KOK Jakubowski

KOK Jakubowski: Guten Tag. Mein Name ist Jakubowski, Kriminaloberkommissarin Jakubwoski. Mit Ihrem Einverständnis zeichnen wir das Gespräch auf. Die Aufnahme läuft bereits. – Stellen Sie sich doch bitte noch mal kurz vor.
Birk Drude: Mein Name ist Birk Drude und ich arbeite an der Carl-von-Ossietzky-Universität in Oldenburg. Dort bin ich wissenschaftlicher Mitarbeiter des Instituts für Geschichte und habe mich im Rahmen meiner Aufgaben auch mit der Geschichte Warden- und Westerburgs beschäftigen dürfen.
KOK J.: Ah ja. Sie wissen, dass Sie diese Aussage auch in Oldenburg hätten machen können?
B.D.: Ja – aber das ist kein Problem – ich hatte heute sowieso in Delmenhorst zu tun.

KOK J.: Nun gut. – Sie haben sich also mit der Geschichte von Wardenburg befasst. Und Sie glauben, Sie sind dabei auf Informationen gestoßen, um wen es sich bei dem gefundenen Toten handeln könnte?
B.D.: Ja, genau. Sehen Sie, das Staatsarchiv Oldenburg ist für das Niedersächsische Landesarchiv unter anderem dafür zuständig, archivwürdiges Schriftgut aus dem nichtstaatlichen Bereich zu sichern – zusammen mit den anderen Staatsarchiven in Aurich, Bückeburg und so weiter. Alle Staatsarchive sind dabei für ein bestimmtes territoriales Gebiet zuständig – Oldenburg hier zum Beispiel für den Bereich des alten Herzogtums Oldenburg – das auch Wardenburg einschloss. Entsprechend sind auch historische Unterlagen aus dieser Stadt hier vorhanden.
KOK J.: Aha.
B.D.: Ja – und als ich in der Zeitung gelesen habe, das der Tote aus dem sechzehnten Jahrhundert stammen soll, musste ich gleich an einen Vermisstenfall aus dieser Zeit denken, der sich in einigen Einträgen in diesen historischen Unterlagen niedergeschlagen hat. Denn zum Einen ging es da um ziemlich viel Geld – und auch in Sachen Herzschmerz hatte die Geschichte einiges zu bieten. Und weil ich der Meinung bin, dass man auf sein Bauchgefühl hören sollte, deswegen bin ich hier.
KOK J.: Aha. Nun, dann berichten Sie doch mal.
B.D.: Gut. Aaalso...
man hört, das ein Aktenkoffer geöffnet wird und einige Blätter, die rascheln
B.D.: Sehen Sie... ich habe am letzten Wochenende im Staatsarchiv Oldenburg noch mal nach den entsprechenden Unterlagen gesucht und die relevanten Aufzeichnungen kopiert.
man hört, wie Blätter auf dem Tisch herumgeschoben und wohl sortiert werden
B.D.: Hm, wie fang ich jetzt am besten an...
Gut. Also, Frau Kommissar – hier sehen Sie einen Stammbaum der Familie von Porsenberg. Dieses Exemplar wurde 1518 gemalt, um die Familienverhältnisse aktualisiert wiederzugeben.

KOK J.: A...ha. Aber sagten Sie nicht, es ginge um das Jahr 1515?

B.D.: Doch, darauf komme ich gleich. Ich wollte Ihnen nur die Familie vorstellen.

Also – 1518 hatten sich die Familienverhältnisse dergestalt geändert, dass die älteste Tochter der Familie, Helgard – die im Jahre 1516 verheiratet wurde – das erste Kind bekommen hat. Um das Ereignis gebührend zu würdigen, wurde daher der Stammbaum neu gemalt. Hier sehen Sie die stolze Mutter mit ihrem Sohn Wulfhard...

KOK J.: Ja, wirklich sehr interessant. Aber vielleicht könnten Sie doch mal auf den Punkt kommen?

B.D.: Gleich. Also – der Vater von Helgard war Peter von Porsenberg, hier. Die von Porsenbergs waren eine alte Familie und haben selber ihre Wurzeln in Bremen. Peter hatte nach Wardenburg geheiratet und später auch den Sohn seines Schwagers in sein Haus aufgenommen und wie seinen Sohn erzogen. Sein Name war Wulfhard von Porsenberg – er ist leider nicht auf dem Stammbaum, da er ja von der Familie der Frau abstammt.

KOK J.: Wulfhard? Moment, sagten Sie nicht, so hieße der Sohn von Peters Tochter?

B.D.: Das sagte ich. Aber ich sagte auch, dass die Geschichte Herzschmerz zu bieten habe. Und das hat damit zu tun.

KOK J.: Na gut. Dann fahren Sie doch bitte fort.

B.D.: Also, Peter hatte den jungen Wulfhard in sein Haus und seine Familie aufgenommen. Dabei haben sich wohl der junge Wulfhard und die erste Tochter des Hauses, Helgard, ineinander verliebt, denn es liegen Unterlagen aus dem Jahr 1515 vor, in denen von Hochzeitsvorbereitungen die Rede ist. Jedoch sollte es nicht dazu kommen, weil Wulfhard während eines Auftrags für seinen Onkel spurlos verschwunden ist.

KOK J.: Aha. Ich verstehe.

B.D.: Wulfhard sollte im Auftrag seines Onkels nach Bremen zum damaligen Bürgermeister Daniel von Büren reisen, um ein Geschäft abzuschließen. Dort ist er aber nie eingetroffen. Es wurde nur das Pferd von ihm gefunden – woraufhin Peter von Porsenberg beim Wardenburger Verwalter des Herzogtums eine große Suche veranlasste. So ist diese Geschichte überhaupt in den Unterlagen gelandet. Das Pferd

wurde etwa in der Gegend des heutigen Großenkneten gefunden – was nicht wirklich auf der geplanten Reiseroute lag. Es wurde eine große Suche gestartet, aber weder von Wulfhard noch von seinem Gepäck war etwas aufzufinden.
KOK J.: Hmhmm... Und Sie denken also. das es sich bei den gefundenen sterblichen Überresten um diesen Wulfhard von Porsenberg handeln könnte?
B.D.: Ja, genau das denke ich.
KOK J.: Und wenn der junge Bursche vielleicht seine Meinung bezüglich der Hochzeit geändert haben könnte?
B.D.: Nein, das glaube ich nicht. Vor allem, wenn man den Punkt bedenkt, den ich noch gar nicht erwähnt habe. Wulfhard sollte ja nach Bremen wegen eines Geschäftes für seinen Onkel. Welcher Art das Geschäft sein sollte wurde nicht überliefert, jedoch dass er für dieses Geschäft 1000 Gulden dabei hatte.
KOK J.: Oh, das hört sich nach nicht wenig an. Ein Grund mehr, das Weite zu suchen, finden Sie nicht? Warum sollte er sich mit dem Geld nicht aus dem Staub gemacht haben?
B.D.: Da sind meiner Meinung nach zwei Punkte, die dagegen sprechen: Erstens: Wenn er sich wirklich davon machen sollte – ohne Pferd?
KOK J.: Nun, er könnte sich ein neues gekauft haben – Geld hatte er ja genug dabei...
B.D.: Zweitens: Der Junge war in einem Alter, in dem einem die Liebe noch wichtiger ist als Geld. Auch wird er in allen Aufzeichnungen als äußerst zuverlässig und ernsthaft beschrieben. Mir ist da – im Gegenteil – beim Zusammensuchen der Unterlagen ein ganz anderer Gedanke gekommen, wo das Gold geblieben sein könnte – wenn wir mal annehmen, dass wir Wulfhard jetzt gefunden haben.
KOK J.: So? Und der wäre? Wollen Sie uns aus Ihren Unterlagen heraus jetzt auch noch den Täter präsentieren?
B.D.: Möglich. Ich erwähnte ja, das Helgard 1516 verheiratet wurde?
KOK J.: Ja, allerdings. Zumindest da kann man sehen, dass es mit der großen Liebe ja nicht so weit her gewesen sein kann, wenn sie direkt nach dem Verschwinden ihres Verlobten einen anderen heiratet.

B.D.: Oh nein, keineswegs. Sie heiratete ja nicht freiwillig, sondern die Hochzeit geschah auf Veranlassung ihres Vaters hin, der wohl einen anderen erfolgversprechenden Kandidaten gefunden hatte.
KOK J.: Hmm..., gut – dann erzählen Sie bitte weiter.
B.D.: Helgard hatte vor Wulfhard einen anderen Verehrer. Sein Name war Johann Friedrich Schneeberg und er kam aus einer wohlhabenden Kaufmannsfamilie aus Oldenburg. Dieser zeigte sich durchaus an ihr interessiert – hatte aber nicht den besten Leumund. Unter anderem liegt noch eine – allerdings eingelöste und bezahlte – Schuldurkunde über 300 Gulden im Archiv. Da kam Peter vor Porsenberg sein Neffe gleich noch mal so gelegen als zukünftiger Schwiegersohn. Nachdem der aber verschwunden war, tauchte Johann wieder auf und zeigte sich geläutert. Auch bot er Peter als Brautpreis 500 Gulden, welche er bei einem glücklichen Geschäft im Süden Deutschlands erworben haben soll. Dieses Geschäft soll im Oktober 1515 stattgefunden haben. Jedoch findet sich darüber nichts in den Aufzeichnungen. Die Schuldurkunde dagegen wurde bereits beglichen Anfang August 1515 – Wulfhard verschwand im Juli.
Das sind schon sehr viele Zufälle...
KOK J.: Hmm...
B.D.: Na ja – wie dem auch sei: Johann bekam also Helgard doch zur Frau – und zwei Jahre später stellt sich auch endlich der erste langersehnte Nachwuchs ein. Und Helgard benennt ihren Sohn gegen alle Widerstände nach ihrer großen Liebe.
KOK J.: Ja, wirklich ergreifend. Eine schöne Geschichte. Aber leider enthält sie keine wirklichen Hinweise, die mit den gefundenen Überresten in Verbindung gebracht werden könnten – außer das die Zeit vermutlich stimmt.
man hört wieder Papier rascheln
B.D.: Da hat ich doch noch einen Punkt... ah ja.
Bei der Vermisstenmeldung wurden mehrere Schmuckstücke beschrieben, die Wulfhard getragen haben soll. Und zwar waren das unter anderem eine Fibel aus Silber in Eichblattform; ein güldener Ring mit einem Achat in der Fassung; sowie eine Kette aus Silber mit einem Anhänger in Tropfenform, auf dem eine Rose eingraviert war. Letzteres war ein Geschenk von Helgard.

KOK J.: Aha. Ja, das ist doch endlich etwas Stichhaltiges. Was sagten Sie? Ein goldener Ring und eine Anhänger mit gravierter Rose?
wieder hört man Papier rascheln, dann einen Stift über Papier kratzen
KOK J.: Diese Punkte werde ich noch mal überprüfen.
B.D.: Gut. Hier – diese Unterlagen können Sie zu Ihren Unterlagen dazu nehmen.
KOK J.: Danke sehr. Wir werden Sie informieren, wenn wir etwas Genaueres wissen.
B.D.: Vielen Dank. Ich hoffe, ich konnte Ihnen weiterhelfen. Wenn Sie sonst noch Fragen haben sollten, kann ich gerne noch mehr überprüfen.
KOK J.: Danke, aber das ist sicher nicht nötig. Wenn der Schmuck übereinstimmt, wissen wir schon alles, was wir zu diesem Zeitpunkt noch brauchen.
B.D.: Gut. Dann wünsche ich Ihnen noch einen schönen Tag.
man hört Stühle rücken
KOK J.: Auf Wiedersehen und Danke für Ihre Informationen.
Aufnahme Ende

Abschließender Untersuchungsbericht des Skelettfundes vom Hunte-Deich – Wardenburg, 25. 08.2010
Aufgrund der Zeugenaussage von Herrn Birk Drude, Oldenburg, sowie den vorliegenden Unterlagen, konnten die sterblichen Überreste durch die Übereinstimmung von zwei – bei den Überresten gefundenen - Schmuckstücken als der im Jahr 1515 verschwundene Wulfhard von Porsenberg identifiziert werden. Da aufgrund der langen Zeitspanne kein Täter mehr zweifelsfrei ermittelt werden kann, kann die Untersuchung damit abgeschlossen werden.

Am 30. August 2010 wurden die sterblichen Überreste von Wulfhard von Porsenberg auf dem Friedhof an der Wildeshauser Straße in Delmenhorst endlich in geweihter Erde beigesetzt. Anwesend waren zwei Friedhofsangestellte und ein Polizeibeamter. Seine letzten Habseligkeiten – der

Ring und die Kette samt Anhänger – wurden an das Archäologische Museum in Hamburg überstellt.

Glossar der hier abgekürzten und so gemeinten Begriffe:

32er	-	ein Schaeff HR 32 – Minibagger
POM	-	Polizeiobermeister
PK	-	Polizeikommissar
KOK	-	Kriminaloberkommissar
KHK	-	Kriminalhauptkommissar
PI	-	Polizeiinspektion

Krimigeschichte

Kapitel 1

Ich lief, wie jeden Morgen, den Weg zu meiner Klasse und wurde von niemandem beachtet. Niemand der lächelte oder mich begrüßte. Es schaute noch nicht einmal eine Person zu mir herüber, doch das war normal für mich. Ich war halt schüchtern und hatte, außer meiner besten Freundin Paula, niemanden. Außerdem trug ich nichts Besonderes: Eine Jeans, ein orangefarbenes T-Shirt und eine schwarze Strickjacke. Die trug ich, weil das Wetter schon in Richtung Herbst ging. Meine dunkelbraunen Haare fielen auch schlicht über meine Schultern. Und schminken tat ich mich auch nicht. Wieso auch? Nur weil das alle machten, musste man das ja nicht nachmachen. Ungeschminkt fand ich mich sowieso schöner.

Mittlerweile war ich am Klassenraum angekommen. An der Tür stand mit fetter Schrift: 9a. Ich betrat die Klasse und entdeckte sofort Paula in der zweiten Reihe an ihrem Platz. Sie unterhielt sich gerade mit Hannah. Unauffällig wie immer setzte ich mich auf den Platz neben ihr und packte schon mal mein Buch auf den Tisch.

„Hi Alyson. Hast du dich mal wieder angeschlichen?“, fragte sie, als Hannah zu ihrem Platz ging.

„Ich habe mich nicht angeschlichen. Ich bin ganz normal zu meinem Platz gelaufen. Ich kann ja nichts dafür, dass mich keiner bemerkt“, kicherte ich. Immer wieder wunderte sie sich, wie ich es schaffen konnte, so unbemerkt an allen vorbei zu kommen.

„Du musst dich doch mal bemerkbar machen“, meinte sie. „Du kannst doch nicht nur im Hintergrund auftreten.“

„Weißt du, manchmal hat das auch seine Vorteile.“

„Ach ja? Wann denn?“, sie konnte sich nicht vorstellen, sich so von der Welt abzuschirmen, wie ich.

„Eh... zum Beispiel, wenn einem etwas Peinliches passiert, dann merkt es niemand oder sie vergessen es am nächsten Tag.“

„Ich glaube eher, dass sie es sich dann erst recht merken, weil du sonst nie auffällst. Und dann bist du immer die, der etwas Peinliches passiert ist.“ Paula wurde etwas lauter, weil ich sie sonst durch den Krach der Klasse nicht verstanden hätte. „Außerdem bist du die Hauptperson deines Lebens und kannst damit anstellen, was du willst.“ Sie kam gerade in Fahrt, wurde dann aber vom Lehrer unterbrochen, der in die Klasse kam. Die Mitschüler hatten es jedoch früher bemerkt und waren schon still geworden. Was dazu führte, dass alle ihren letzten Satz mitbekamen.

„Wie ich sehe, hältst du einen Vortrag“, meinte der Lehrer. „Vielleicht kannst du ja morgen allen darüber berichten. Du wolltest ja eh ein Referat in Deutsch halten. So dann schlagt mal eure Hausaufgaben auf.“ Kichernd kramten alle die Sachen hervor, während Paula auf ihrem Stuhl etwas runter sank.

„Ich sag’ doch, manchmal wäre es besser unsichtbar zu sein“, flüsterte ich nun überzeugt von meiner These.

„Nein, nein“, meinte sie und rutschte wieder hoch. „Pass morgen gut auf, denn dann kannst du etwas lernen.“ Dann zeigte sie dem vorbeilaufenden Lehrer ihre Hausaufgaben. Nachdem ich sie sicherlich verwirrt angestarrt hatte, machte ich schließlich dasselbe.

Es klingelte. Endlich Schluss. Ich lief raus, wo mich gleich eine kräftige Windböe erwischte, mir die Haare hoch wirbelte und die Sonnenstrahlen mir ins Gesicht schienen. Schönes Wetter, dachte ich. Der Herbst war schließlich meine Lieblingsjahreszeit, mit dem Frühling zusammen. Es war nicht zu kalt und nicht zu warm. Das perfekte Wetter eben.

Verträumt lief ich weiter, doch plötzlich kam eine stärkere Windböe und beförderte mich von meinen Gedanken zurück in meinen Körper.

Ich sah viele Blätter aus der Tasche eines Jungen flattern, die mir direkt vor die Füße fielen. Er bekam es jedoch nicht mit und fuhr einfach weiter. Was sollte ich jetzt tun? Einfach weiter laufen? Oder sollte ich mich bemerkbar machen? Vielleicht waren die Unterlagen wichtig. Ich musste es einfach machen.

„Entschuldigung?“, sagte ich zuerst leise. Doch so würde er mich nie hören. „Hey du! HALLO! Du hast was verloren." Auch das noch; alle drehten sich zu mir um, doch ich zwang mich nicht zu der Menschenmenge zu sehen, sondern auf den braunhaarigen Jungen zu achten. Er war fast hinter der Hecke verschwunden, drehte sich aber in der letzten Sekunde um und merkte, dass ich ihn meinte.

Er bemerkte seine offene Tasche, stieg vom Fahrrad ab und eilte mit seinem Fahrrad zu mir. Ich hockte mich schnell hin, um den Blicken zu entweichen und sammelte die Blätter auf. Sie lagen vor mir auf dem Boden verstreut, sicherlich würde ich nicht fertig werden, bis er mich erreicht hatte. Mein Blick wanderte automatisch hoch, um zu prüfen wo er bereits war. Außerdem wollte ich wissen, ob ich noch angestarrt wurde. Doch wie es schien, interessierte es niemanden mehr. Denn jeder war wieder ganz normal mit sich selbst beschäftigt, um nach Hause zu kommen.

Der Junge hatte bereits sein Fahrrad abgestellt und hockte sich zu mir, wobei er sich hektisch an das Einsammeln der Zettel machte, die, wie ich erkannte, fast nur aus Zeitungsartikeln und Notizen bestand. Ich schaute mir die Blätter in meinen Händen genauer an, während er die letzten aufhob.

Auf den meisten Artikeln waren Berichte über irgendwelche Einbrüche oder nicht geklärte Diebstähle zu sehen. Und viele Zettel mit Notizen, die andauernd durchgestrichen wurden. Was konnte das bedeuten? War er vielleicht einem Verbrechen auf der Spur? Aber das konnte doch nicht sein. Niemand sollte sich in so etwas Gefährliches einmischen. Was hatte er vor?

Ich schaute auf. Der Junge war ein Meter von mir entfernt und hob das letzte Blatt auf. Also stand ich auf und lief ihm entgegen.

Die letzten Schüler hatten das Gelände verlassen.

„Eh, danke, dass du mir Bescheid gesagt hast", meinte er, nachdem er aufgestanden war. Er streckte seine Hand nach den Zetteln in meinen Händen aus.

„Bitte", antwortete ich ihm kurz und fragte dann interessiert, während ich ihm die Blätter reichte, „was sind das eigentlich für Notizen?"

„Nichts Wichtiges. Einfache Zettel für die Schule halt.“ Das sagte er so einfach ohne rot zu werden, doch ich glaubte ihm kein Wort.

„Für was für ein Fach denn?“

„Für Deutsch; ist aber auch egal. Danke noch mal.“ Er lief zu seinem Fahrrad, packte die Blätter in seinen Ranzen, der daneben stand, und drehte sich dann wieder zu mir. Er wollte mich jetzt sicher abwimmeln.

„Ich bin übrigens John und du?“ Vielleicht auch nicht.

„Alyson.“

„Schöner Name“, sagte er, lächelte und schulterte seine Tasche.

Was mache ich denn da, dachte ich. Frag ihn über die Blätter aus, gleich ist er weg. Doch so einfach ging das bei mir halt nicht. Ich blieb stumm.

„Ja, ich will dich nicht weiter aufhalten. Und ich muss mich eigentlich auch beeilen. Wir sehen uns sicher bald wieder in der Schule.“

„Ja, bis dann. Tschüss.“

„Tschau.“ Er sprang elegant auf sein Fahrrad und fuhr davon. Und ich machte mich wie immer trödelnd auf den Weg.

Zu Hause angekommen, sah ich, dass wir Besuch hatten. Das fremde Auto kam mir nicht bekannt vor und ich fragte mich, wer uns zu dieser Zeit besuchen kam. Wie gewohnt klingelte ich nicht, sondern schloss die Tür auf und ging rein. Meine Schuhe zog ich aus stellte mein Ranzen ab und ging geradewegs in das Wohnzimmer, denn in der Küche hörte ich niemanden kochen.

„Hallo?“, rief ich, als ich die Wohnzimmertür öffnete. Doch dann stockte mir der Atem, als ich sah, wer sich dort auf dem Sofa befand und gegenüber meiner Mutter saß. Eine Frau, die mich eher wenig interessierte und… ratet mal… der Junge von eben. Wie… wie konnte das sein? Will das Schicksal mich herausfordern? Wusste er davon, dass er mich gleich wieder sehen würde, doch so sah er nicht aus. Er sah eher ähnlich verwirrt aus wie ich. Was wollten sie also hier? Und wieso hat mir meine Mutter nichts davon erzählt?

„Hallo Alyson.“, antwortete meine Mutter und als sie mein fragendes Gesicht sah, fügte sie noch hinzu: „Das ist meine

Arbeitskollegin Frieda und ihr Sohn... eh... „ Bevor sie den Namen aussprach, war er bereits in meinem Kopf. „John. Ach, ich hab' dir gestern völlig vergessen zu erzählen, dass sie heute zum Essen kommen. Das haben wir gestern kurzfristig beschlossen. Ich wollte es dir sagen, bevor sie kommen, aber heute hast du wohl getrödelt. Setzt dich doch zu uns." ...und sag' hallo, das ist doch unhöflich, fügte meine Mutter sicher gerade im Kopf hinzu. Doch ich stand immer noch, unfähig mich zu rühren.
Beweg dich Alyson, befahl ich mir
„Ja; hallo. Ich bin Alyson. Eh...Mama ich bring eben mein Schulranzen hoch." Und damit verschwand ich aus dem Raum. Ich hörte meine Mutter noch sagen, dass ich ja ein bisschen schüchtern sei. Musste sie das immer erwähnen? Mit meinem Ranzen lief ich in mein Zimmer. Durch den Qualm, den ich vor meinem Fenster sah, bemerkte ich auch bald, dass wir am Grillen waren, denn ich sah meinen Vater und noch eine Person, die sicher der Vater von John war, vor dem brennenden Grill. Das konnte ja noch was werden...

Kapitel 2

Draußen aßen wir nicht, denn dazu war es nun doch zu kalt. Wir saßen im Wohnzimmer an dem Esstisch. Ich saß John schräg gegenüber. Neben ihm saß seine Mutter, die blonde Haare hatte und eigentlich ganz nett aussah.
Wie ich jetzt mitbekommen hatte, arbeiteten meine und Johns Mutter zusammen in einem Abteil in dem Unternehmen. Meine Mutter war nämlich schon seit einer Weile bei einer Zeitung beschäftigt.
Ich saß am Tisch, aß und sah dem Geschehen zu. John war wirklich sehr offen. Er lachte über die Witze meines Vaters, was ich sehr erstaunlich fand, und erzählte viel über sich selbst und die Schule, womit er auch gleich einfließen ließ, dass ich ja auf dieselbe gehe. Da wusste ich, dass ich jetzt dran war.
„Echt, dann kennt ihr euch ja", meinte mein Vater.
„Ne, nur vom Sehen. Ich hab' ihn aber glaub' ich, erst einmal gesehen." Ich tat als könnte ich mich nicht genau daran erinnern, dabei war es schließlich erst eben.

„Das ist ja witzig“, fand seine Mutter. „dass ihr euch auch kennt.“ Ich hatte keine Lust auf weiterte Fragen also wollte ich kurz verschwinden.
„Ja. Ich gehe mal kurz auf's Klo“, sagte ich zu meiner Mutter leise und verschwand aus dem Zimmer.

Ich weiß, dass ich bei einer Unterhaltung nicht immer verschwinden sollte, aber diesmal musste es einfach sein. Im Flur überlegte ich, was ich jetzt machen sollte, denn schließlich erwarteten sie mich gleich wieder im Wohnzimmer. Für mein Zimmer entschied ich mich. Ich wollte kurz auf mein Hausaufgabenheft schauen, um zu sehen was wir auf hatten. Etwas Besseres viel mir einfach nicht ein, bis ich seinen Ranzen im Flur stehen sah.
Mir kam eine Idee. Vielleicht könnte ich ja noch einen Blick auf die Zettel werfen. Mein Verstand sagte mir, dass ich das lieber lassen sollte, doch die Neugierde war größer. Automatisch ging ein Prüfblick von mir zur Tür, aber natürlich war sie immer noch zu und sicher würde gerade jetzt niemand die Tür auf machen, um zu sehen, was ich mache. Sie gingen doch davon aus, dass ich auf der Toilette bin. Selbst überredet kniete ich mich also vor die Tasche und öffnete sie, so leise ich konnte, was ziemlicher Blödsinn war, denn mich konnte ja keiner hören. Ich sah die Zettel und nahm sie vorsichtig heraus. Es waren wieder Zeitungsartikel und Notizen dabei. Diesmal schaute ich mir die Notizen näher an. Zuerst viel mir die Schrift auf, die für einen Jungen ziemlich ordentlich war. Nicht ablenken lassen Alyson, sagte ich mir. Aber da fiel mir ein, dass es vielleicht doch für die Schule war. Wieso würde man denn sonst so ordentlich schreiben? Aber am Durchgestrichenen sah ich, dass es halt nur Notizen waren.
Oben auf den Blättern stand immer, auf welche Zeitung das bezogen war. Mir fiel ein Blatt besonders auf, da ziemlich viel darauf geschrieben war. Der Artikel dazu war auf der Rückseite befestigt.
Das Datum sprang mir plötzlich ins Auge. 06.07. 2011? Das war doch noch gar nicht. Wie kann es sein, dass er so etwas besaß? Das musste gefälscht sein. Ich überflog den Artikel. Ein paar Wörter fielen besonders raus.

Zwei Hochhäuser von dem Unternehmen „LON- Zeitung"... abgebrannt...
Das konnte doch nicht sein, da arbeitet meine Mutter. Ich konnte es nicht glauben. Meine Augen lasen immer schneller.
Vermuteter Anschlag... Täter noch nicht geschnappt...Viele Tote... darunter auch... Firmenchef... besonders betroffen hat uns die Geschichte... Tochter (16 Jahre alt) Mutter gerettet...selbst gestorben.
Was? Das... war doch ... die Zeitung war gefälscht!! Das konnte doch nicht... Es gab sicher viele Arbeiterinnen mit Kindern, die Mädchen sind. Das Alter stimmte sowieso nicht ich war fünfzehn... sch... ich hatte doch bald Geburtstag... Verdammt wieso glaubte ich das überhaupt? Sinnloser Quatsch! Das hatte er sicher selbst gemacht. Aber trotzdem hatte ich ein komisches Gefühl im Bauch. Wer las schon seine eigene Todesanzeige? Na gut es war nicht direkt eine Todesanzeige und außerdem wusste ich nicht genau, ob ich das auch wirklich war, aber es war schon beängstigend. Würde ich einfach so in das Gebäude rennen? Na gut es war meine Mutter...
Alyson hör auf! Das ist eine dämliche Fälschung, sagte ich mir wieder. Das kannst du doch nicht glauben!! Ich musste aber wissen was er dazu geschrieben hatte, nein erst wollte ich gucken, ob die anderen Artikel auch aus der Zukunft stammten, ne, doch erst die Notizen. Mir fielen die Zettel aus der Hand.
„Was machst du da?" Erschrocken fuhr ich herum und sah in Johns wütendes Gesicht. So ein Mist. Ich wusste nicht was ich tun sollte, bis mir der Artikel einfiel und ich wurde wütend.
„Was soll das überhaupt mit dem Artikel? Weißt du, wie viele Menschen das ernst nehmen würden? Was hast du dir dabei gedacht, so einen Quatsch zu erfinden? Ein Bericht aus der Zukunft!?"
„Hallo? Also erst einmal bin ich derjenige, der sauer sein sollte, denn schließlich hast du einfach in meiner Tasche rumgewühlt und zweitens: Es ist immer noch für die Schule, wir mussten das machen!"
„Ja klar, niemand würde sich so in ein Schulprojekt reinhängen", sagte ich und wunderte mich plötzlich vor mir

selbst, denn so selbstsicher zu Reden hätte ich mir selbst noch nicht einmal zugetraut.
„Du kennst mich doch gar nicht!“
„Da hast du vielleicht Recht… aber das mit dem Schulprojekt kannst du mir wirklich nicht einreden. Und wenn du mir nicht sagst, was es damit wirklich auf sich hat, dann…“
„Dann was? Wirst du mich der Polizei melden oder was? Sei ehrlich du kannst doch gar nichts gegen mich machen.“
„Zufällig arbeitet meine Freundin der Schülerzeitung. Und dieser Bericht würde sicher gut da rein passen. Wenn es ein Schulprojekt ist, würde es dir sicher nichts ausmachen. Mit Name und Klasse versehen… Ach ja welchen Lehrer habt ihr denn in Deutsch?“
Wenn es keine Schularbeit war, wovon ich ausging, denn er verhielt sich, als wenn er es geheim halten musste, dann würde er dem nicht zustimmen. Aber wenn es doch eine war, dann würde ich jetzt ziemlich blöd da stehen.
Ehlich gesagt, war ich mir gar nicht so sicher damit, dass der Artikel echt war. Aber irgendwas trieb mich dazu, es zu beweisen, dass es so war. Vielleicht wollte ich auch nur alles über den Artikel herausfinden, weil es mir so nahe stand, denn es handelte ja von diesem Mädchen, welches ich hätte sein können. Ich wollte, glaub' ich, nur hören, dass es wirklich nur ein Schulprojekt war.
John wollte gerade antworten, doch dazu kam es nicht, denn mein Vater kam aus dem Wohnzimmer.
„Da seid ihr ja. Ich will euch ja nicht stören, aber wenn ihr euch nur unterhalten wollt, dann könnt ihr euch doch wieder dazu setzen und weiter essen. Ihr werdet nämlich schon vermisst.“
Ich musste mir schnell etwas einfallen lassen.
„Eh, ja Dad wir kommen gleich. John wollte nur meine Meinung von seinen Hausaufgaben wissen. Sie sind ihm runter gefallen. Ich helfe ihm eben, dann komm' ich wieder rein“, sagte ich, während ich mich hinkniete und wieder anfing seine Zettel einzusammeln.
„Na gut, aber beeilt euch.“ Damit verschwand mein Vater wieder.
„Ich will dir ja kein Kompliment machen, aber gut Lügen kannst du“, grinste John und setzte sich dazu.

„Danke. Aber zurück zu dem Artikel, der beängstigt mich echt, wegen dem Mädchen und so... Sorry, dass ich dir nicht geglaubt habe."
„Hä, wie... ich dachte du warst so fest davon überzeugt, dass es echt ist."
„Gute Lügnerin wie schon gesagt", ich lächelte. „Nein, ich glaub ich wollte einfach nur hören, dass du das geschrieben hast. Aber es ist doch lächerlich, dass es aus der Zukunft stammt."
„Ja."
„Du hast es doch geschrieben, oder?", ich war wieder etwas unsicher, weil die Antwort nicht so selbstverständlich rüber kam, wie ich gehofft hatte.
„Natürlich", sagte er schnell und lächelte. „Aber wir sollten jetzt wieder rein gehen." Er nahm die Zettel und packte sie in seine Tasche. Dann machten wir uns schnell ins Wohnzimmer. Aber ganz erleichtert war ich nicht, denn irgendwas verheimlichte er mir noch. Aber wahrscheinlich war das auch nur eingebildet.

Kapitel 3

Das restliche Essen, dass nicht mehr ganz so lange dauerte, weil wir erst später dazu kamen, verlief wieder normal. Ich hielt mich etwas zurück mit dem Reden, aber fand die Familie immer netter. Nach dem Essen, kam als Nachtisch noch Eis. Um drei Uhr gingen sie wieder und ich machte mich an meine Hausaufgaben, bevor mein Vater darauf kam, mir peinliche Fragen zu stellen.

„Telefon für dich", rief meine Mutter von unten. Ich war mit Englisch und Mathe schon fertig, also hatte ich nur noch die schrecklichen Fächer Biologie und Erdkunde vor mir. Da kam mir ein Anruf gerade richtig. Ich eilte nach unten und ging mit: „Hi, Paula" ran, denn sie war die einzige die mich anrief.
„Hi, ich bin mit dem Referat fertig, jetzt muss an die dämlichen Hausaufgaben. Hast du vielleicht schon welche fertig?"
„Ja, aber was für ein Referat denn?" Ich lief mit dem Telefonhörer wieder in mein Zimmer.
„Du weißt doch, dass was ich wegen dir machen musste."

„Ach ja“, mir fiel es wieder ein. „bei dem Nachmittag hatte ich anderes im Kopf, als dieses Selbsthilfe- Referat.“

„Hey, beleidige mein Referat nicht! Was hast du denn gemacht?“ Ich beschloss das mit dem Zeitungsartikel aus der Zukunft lieber für mich zu behalten.

„Ach nichts Besonderes; wir hatten nur Besuch von einer Arbeitskollegin meiner Mutter und ihrer Familie.“

„Aha. Wirklich sehr interessant. Hast du mal wieder kein Wort heraus bekommen?“

„Doch, die Familie ist sehr nett…“

„Wer war denn alles da?“, unterbrach sie mich, als wäre ihr etwas eingefallen. Aber ich wusste schon worauf sie hinaus wollte, tat aber unwissend.

„Ja, halt die Kollegin, ihr Mann und ihr Sohn.“

„Aha, und wie alt? Sieht er gut aus?“

„Na ja, so alt wie wir, schätz ich mal. Er geht außerdem auf unsere Schule. Vielleicht hast du ihn ja schon mal gesehen.“ Ich warf mich auf mein Bett. Dieses Ausfragen hasste ich so; aber es war ja Paula und ich konnte wohl kaum jetzt einfach auflegen, sonst interpretierte sie das wieder falsch.

„Die zweite Frage musst du noch beantworten“, drängte sie mich. Ich wusste genau was sie wollte, zögerte es aber noch hinaus.

„Und was war die zweite Frage? Denkst du ich merk mir alles?“ Ich konnte fast durch das Telefon sehen, wie sie die Augen rollte.

„Oh, Alyson! Ob er gut aussieht.“

„Ach so… mhh… ich denk schon…“

„Aha, erwischt“, meinte sie siegessicher.

„Das stimmt doch gar nicht! Man muss doch nicht gleich in jemanden verknallt sein, nur weil er gut aussieht. Darüber kann ich dir auch ein Referat halten. Na ja, ich muss jetzt weiter Hausaufgaben machen. Wenn du Bio oder Erdkunde hast, kannst du ja wieder anrufen. Dann können wir tauschen. Bis dann, Tschau“, verabschiedete ich mich und legte auf. Freundinnen konnten manchmal fast so schlimm nerven wie Eltern. Nur, dass ich so etwas eher einer Freundin anvertrauen würde, als meinen Eltern. In dieser Hinsicht war ich vielleicht gar nicht so anders.

Am nächsten Morgen wollte ich mich erst krank stellen, um dem Referat von Paula zu entgehen, aber so leicht würde ich sicher nicht davon kommen. Wenn ich krank wäre, würde sie mir am nächsten Tag eine Standpauke halten, dass ich ihre schwere Arbeit nicht würdigte. Na gut, vielleicht wäre es nicht ganz so schlimm, aber ich wollte kein Risiko eingehen. Wahrscheinlich würde sie mir die Zusammenfassung noch einmal am nächsten Tag vorlesen. Nein, dazu hatte ich keine Lust. Also stand ich wie jeden Morgen auf, zog mich an und ging in die Küche zu meinem Vater, der im Gegensatz zu meiner Mutter erst in zwei Stunden zur Arbeit musste. So war ich morgens nicht allein und nach der Schule auch nicht, denn da war meine Mutter von der Arbeit zurück. Mein Vater kam immer abends, es sie denn er konnte sich frei nehmen, wie gestern. Sicher wusste er schon vorher von dem Besuch; nur mir hatte es keiner gesagt.

Ich nahm mir eine Schüssel und füllte sie mit Müsli und Milch und setzte mich dann an den Tisch.

„Na, gut geschlafen?“

„Ja. Ich freu mich aber nicht auf die Schule, weil Paula heute ein Referat über Offenheit und so hält. Auf mich bezogen, wirklich schrecklich.“ Ein Löffel befüllt mit Müsli stopfte ich in mein Mund.

„Na ja wo sie Recht hat…“

„Fang jetzt bloß nicht auch noch an“

„Ich mein ja nur…“

„Ja, schon okay. Was machst du denn heute bei deiner Arbeit?“, wechselte ich das Thema. Er lachte.

„Das Problem mit der Schüchternheit hast du aber nicht zuhause oder bei Paula. Da bist du ganz anders.“

„Papa!“

„Stimmt doch“, grinste er. „Auf der Arbeit mache ich nur die täglichen Berechnungen und arbeite weiter an meinem Haus. Was man als Architekt halt so macht“, fuhr er die Unterhaltung wieder ganz normal fort. Das mochte ich so an ihm.

„Aha“, tat ich interessiert. „Ich muss dann jetzt aber mal los.“ Die Schüssel räumte ich weg und zog meine Schuhe an. „Bis heut' Abend. Es sei denn, du kommst wieder früher, weil wir unerwartet Besuch bekommen."

„Ja Alyson. Ich habe dich auch lieb und wünsche dir auch einen schönen Tag."

Ich musste schmunzeln.

„Ich hab' dich lieb, tschau", damit verschwand ich aus der Tür.

In der ersten Stunde war nichts anders als sonst. Alles war wie immer langweilig, doch ich wollte trotzdem nicht, dass sie vorbei ging, denn in der zweiten Stunde hatten wir Deutsch. Aber natürlich klingelte es irgendwann zur Pause.

„Ich warne dich; wehe du ziehst mich da irgendwie rein oder nimmst mich als Beispiel in deinem Referat."

„Nein, keine Angst. Ich habe viele Dichter rein genommen, was die mit ihren Gedichten aussagen wollen und so. Also eigentlich langweilig wie immer."

„Na dann bin ich ja beruhigt."

Nach dem der Lehrer kam und der Klasse einen schönen guten Morgen wünschte, war Paula dann dran. Sie wollte erst, dass ich das Plakat halte; aber als ich wehrte, erklärte sich Kim bereit es zu halten.

Sie fing an mit einem berühmten Gedicht, dass ich aber nicht kannte. Und erläuterte dann die Situation des Lyrischen Ich's darin. Dann erklärte sie ein paar Thesen eines Philosophen über das Thema und kam dann auf den heutigen Menschen. Ich versank immerweiter in meinem Stuhl, weil die meisten wussten, dass es eigentlich an mich gerichtet war und deshalb immer wieder zu mir rüberschauten. Mein Blick wanderte zum Fenster. Und ich glaubte meinen Augen kaum, als ich John sah. Als er mich sah, winkte er mich zu ihm rüber. Was hatte der denn jetzt schon wieder? Damit der Lehrer ihn nicht bemerkte, schaute ich wieder ganz normal nach vorne und tat, als würde ich zuhören. Er schien mir aber irgendwas Wichtiges sagen zu wollen und ich konnte mir kein Grund vorstellen, weswegen er den Unterricht schwänzte - er war nämlich ein guter Schüle r- deshalb beschloss ich raus zu gehen.

„Herr Pallu, kann ich bitte kurz auf die Toilette?“, wollte ich wissen. Aber entging nicht dem wütenden Blick von Paula.

„Es ist in einer viertel Stund Pause. Kannst du nicht so lange warten?“ Ich schüttelte den Kopf und warf Paula einen entschuldigenden Blick zu.

„Na gut, hier ist der Toilettenschlüssel. Obwohl, ich glaube, die hier in der Nähe ist offen.“

„Okay“, sagte ich und verschwand schnell aus der Tür. Jetzt hoffte ich nur, dass ich nicht unnötig den Unterricht schwänzte und machte mich schnell auf den Weg zum Schulhof C.

Kapitel 4

Da stand er, an der Wand gelehnt, am Ausgang des Schulhofes C. Als er mich bemerkte, kam er auf mich zu geeilt.

„Ich muss dir etwas sagen“, meinte er, ohne mich fragen zu lassen.

„Ja, dann mal los. Ich hoffe, dass es was Wichtiges ist, denn ich will nicht umsonst den Unterricht…“

„Nicht hier! Komm mit!“ Mir blieb nichts anderes übrig, als ihm hinter her zu Laufen.

„Könntest du mir jetzt endlich sagen, was los ist?“, drängte ich ihn.

„Sofort.“ Er machte die Tür irgendeiner Besenkammer auf und schob mich hinein. Bevor er die Tür hinter sich schloss, betätigte er den Lichtschalter. Ich schaute ihn fragend an.

„Es geht um diesen Artikel.“

„Um deine Hausaufgabe?“

„Nein, eben nicht. Deshalb muss ich ja mit dir sprechen.“

„Eh, ich verstehe gerade gar nichts mehr“, sagte ich etwas verwirrt. Er wollte mir doch nicht das weismachen, was er mir die ganze Zeit ausreden wollte.

„Es war keine Hausarbeit.“

„Willst du mich veräppeln? Ich habe keine Zeit dafür; ich muss wieder zurück zur Klasse.“

„Nein, hör mir doch mal zu; ich kann es selbst kaum glauben. Diese Zeitung stammt wirklich aus der Zukunft. Sie ist sicher bei mir gelandet, weil ich es verhindern soll.“

„Ja, sicher; entschuldige mich, aber ich habe Unterricht.“ Ich drückte die Türklinke runter und trat ein Schritt aus der Besenkammer.“ John hielt mich leicht am Handgelenk fest.

„Bitte, glaub mir doch. du bist die einzige, die etwas davon weiß und ich schaff das nicht alleine“, bettelte er und schaute mir mit seinen warmen, braunen Augen in meine. Konnten diese Augen mich anlügen? Aber wie konnte er die Wahrheit sagen? Das konnte man einfach nicht glauben; obwohl er es ziemlich ernst zu nehmen schien.

„Wahrscheinlich hat dir jemand das Ding untergeschoben, damit du das glaubst. Sie wollen dich nur reinlegen. Wie bist du eigentlich zu so was gekommen?“

Ich staunte nicht schlecht, als er mir von dieser eigenartigen Geschichte erzähle:
Es war Sommer, als er seine Schwester in Amerika besuchte.

„Ich wusste gar nicht, dass Du eine Schwester hast“, unterbrach ich ihn an der Stelle. Doch er meinte nur scherzhaft, dies sei eine andere Geschichte, und fuhr fort.
Sie war einundzwanzig und mit neunzehn nach Amerika ausgewandert, berichtete er mir.

„Sie hat dort einen guten Job und verdient ganz gut. Ich war also über die Sommerferien dort. Ich war allein in der Stadt unterwegs, als ich den Laden sah. Er war voll mit Antiquitäten und alten Büchern. Ich wollte nur mal kurz reinschauen, aber der alte Mann an dem Tresen versuchte, als er mich bemerkte, mir die ganze Zeit irgendwas aufgeregt zu sagen, aber mein Englisch war nicht so gut und er hatte einen komischen Akzent, also verstand ich ihn nicht. Ein anderer Mann meinte dann, ich solle ihn nicht ernst nehmen, weil er ein bisschen verrückt war; also ignorierte ich ihn fürs Erste. Aber als ich ging, versuchte er mir irgendwas weiß zu machen. Er ließ mich erst gehen, nachdem ich ihm diesen Artikel abnahm. Er sagte, ich solle es mitnehmen; also tat ich es. Ich bemerkte erst später, dass der Artikel in Deutsch geschrieben war. Das war ziemlich abgefahren.“

„Vielleicht hat er dir das nur gegeben, weil er gemerkt hat, dass du aus Deutschland kommst“, zweifelte ich an.

„Das dachte ich auch zuerst, aber als ich bemerkte, dass es über meiner Gegend handelte; und dann auch noch aus der Zukunft. Ich meine, was hätte der denn davon sich so was auszudenken. Er wusste ja noch nicht mal, dass ich da auftauchen würde.“

Dazu konnte ich dann auch nichts mehr sagen. Zwar glaubte ich ihm noch immer nicht ganz, aber wir beschlossen, dass ich ihm trotzdem half. Vorsichtshalber. Außerdem würde es etwas mehr Spannung in mein Leben bringen, das konnte mir nicht schaden.

John wollte, dass wir an diesem Tag schon anfingen, aber heute musste ich mich erst einmal um Paula kümmern, die wegen des Referates schon so schlecht drauf war. Ich wollte nicht auch noch unsere Pläne shoppen zu gehen, ins Wasser fallen lassen, auch wenn ich keine so große Lust darauf hatte.

Doch es stellte sich raus, dass es gar nicht so doof war. Es war sogar sehr lustig. Nachdem ich ein schönes Top gefunden und gekauft hatte, fiel uns ein lustiges Spiel ein. Wir gingen in den nächsten Laden und begannen zu suchen.

Wir suchten uns gegenseitig Outfits, die so gar nicht zusammen passten, dann zogen wir sie an und machten Fotos davon. Wir konnten uns gar nicht mehr einkriegen vor Lachen, als sie die pinke Strumpfhose, den grünen Rock und den blauen Wollpullover anhatte.

Wir gingen aus dem Geschäft in Richtung Buchladen.

„Ich hole mir den fünften Teil von Twillight“, erzählte mir Paula.

„Echt? Gibt es den schon?“ Ich mochte die Geschichte zwar, aber ich war kein besonders großer Fan, um das zu wissen.

„Ja, ich kann ihn dir ja ausleihen.“

„Ne, erst ist das siebte Buch von Harry Potter dran. Ich schieb ihn schon so lange vor mich her, obwohl ich die anderen hintereinander weg gelesen habe. Und nächste

Woche kommt schon der erst Teil des siebten Filmes. Es ist ja in zwei Teile aufgeteilt."

„Ja, aber für Harry Potter kann ich mich nicht so begeistern. Ich weiß auch nicht warum. Aber wir können den ja trotzdem zusammen gucken." Sie sagte das, als würde sie es trotz des Angebotes, nicht so gerne wollen.

„Wieso, wir müssen ja nicht zusammen rein gehen. Ich kann auch mit jemand anderen gehen. Dann gucken wir zusammen Twillight. Das wird bestimmt toll."

„Hast du denn schon jemanden mit dem du dahin gehst?", fragte sie und beobachtete mich genau; als wenn ich irgendetwas zu verbergen hätte.

„Ne, aber ich finde schon jemanden. Wir sind da, lass uns rein gehen."

Sein Haus war schwerer zu finden als ich gedacht hätte. John wohnte in einem verwirrenden Neubaugebiet. Bis ich seine Hausnummer entdeckte, dauerte es zehn Minuten. Nach dem Klingeln machte sein Vater auf, den ich schon vom Grillen her kannte.

„Na nu, was macht du denn hier? Willst du zu John?"

„Ja." Also hatte er mich wohl nicht angekündigt. Na gut, ich selbst hatte auch nur gesagt, dass ich zu Paula fahre. Ich wollte zu Hause nicht ausgequetscht werden.

„Na dann komm mal rein. JOHN, BESUCH FÜR DICH."

„Komme", rief seine Stimme von oben.

„Müsst Ihr etwas für die Schule machen? Oder habt Ihr euch nur so verabredet?", fragte er neugierig.

„Für die Schule." Ich hoffte, dass John jetzt bald runter kam.

„Seit Ihr denn in einer Klasse?" Ich wusste, dass er genau wusste, dass wir nicht in einer Klasse waren.

„Wir haben beide das Gleiche Thema, Dad. Wir wollen nur noch was recherchieren", erklärte John, der gerade auf der Treppe erschien.

„Ist ja schön, dass Ihr Euch so gut vertragt. Okay, dann arbeitet mal schön", meinte der Vater, lächelte freundlich und verschwand ins Wohnzimmer.

„Werden wir", sagte John, wartete bis die Tür zu war, nahm meine Hand und zog mich hinter ihm her. Es war schon komisch, dass er das einfach so machen konnte, aber

irgendwie fand ich das nicht schlimm. In Mitte der Treppe ließ er mich los und ich folgte ihm in sein Zimmer.
Es war ein großer Raum, der ordentlich gehalten wurde. Ein Bett, ein Schrank, ein kleines Sofa und ein Schreibtisch mit einem Laptop und einem Stuhl davor.
„Warte, ich hol' dir noch einen Stuhl." Damit verschwand er kurz. Um nicht hilflos rum zu stehen, ging ich zu seinem Schreibtisch und sah mich ein bisschen um. Über seinem Schreibtisch standen zwei Fotos in Fotorahmen. Auf dem einen war er mit zwei Freunden zu sehen. Sie hatten Skateboards in der Hand. Vermutlich im Skaterpark gemacht. Das andere Foto war älter - weil John jünger aussah, ging ich davon aus. Er saß mit seinen Eltern und seiner Schwester auf einem Sofa.
„Das war, als wir hier neu eingezogen waren. Wir hatten das Haus gerade fertig eingerichtet", erzählte mir John, der mit dem Stuhl gerade durch die Tür kam.
„Muss schön gewesen sein. Ich hätte auch gerne Geschwister", fiel mir auf, als ich das Foto ansah.
„Na ja, es ist nicht immer schön. Man streitet sich oft."
„Echt?", fragte ich noch ganz in Gedanken.
„Ja, aber die Vorteile überwiegen doch. Es ist schon schön, dann ist man nicht immer allein. Natürlich macht man oft was mit seinen eigenen Freunden, aber ab und zu hat man doch schon Glück Geschwister zu haben."

Es war kurz still, weil wir beide das Bild anschauten.
„Hey, was ist eigentlich, wenn der Mann in dem Laden deine Schwester kannte? Sie hat ihm erzählt, dass du bald kommst und…"
„Sie müsste ihm schon ihre ganze Lebensgeschichte erzählt haben. Und außerdem, mit unserer Familie hat der Fall nicht wirklich was zu tun."
„Vielleicht hat er ja verstanden, dass du ein Mädchen bist."
„Warum sollte meine Schwester dem Mann überhaupt irgendwas erzählen. Und wie sollte er dann auf so was kommen? Und woher sollte er wissen, dass ich ihr Bruder bin wenn ich doch ihre Schwester bin?"
„Ja, ziemlich unwahrscheinlich", gab ich zu. „Was war es dann?"

„Ich weiß nicht...Wenn wir davon ausgehen würden, dass es wirklich aus der Zukunft kommt, was ziemlich unwahrscheinlich ist, was müssten wir dann machen? Worauf müssten wir dann achten?“
Er setzte sich auf seinen Stuhl und ich setzte mich auf den anderen, dann machte er seinen Laptop an.
„Wenn wir wirklich davon ausgehen würden... Ich denke... Vielleicht war das alles kein Zufall. Nicht nur, dass du den Artikel bekommen hast, sondern auch, dass du mich getroffen hast. Weißt du... ich glaube manchmal, dass ich damit gemeint bin. Du weißt schon ich bin ein Mädchen und werde nächstes Jahr sechzehn; ich habe Angst um meine Mutter...“
„Hör mal, mach dir darum keine Sorgen. Ich habe schon angefangen nachzuforschen. Du hast sicher meine Notizen gesehen und die ganzen ungeklärten Fälle. Ich habe einen Verdacht, dass es der gleiche Täter ist. Ich werde das schon raus finden; wir werden raus finden, wer das ist und ihn stoppen, bevor so etwas passieren kann. Das verspreche ich dir.“ John sagte das so ernst und sicher, dass ich nicht anders konnte, als ihm zu glauben.
„Danke“, sagte ich, erleichtert, jemanden zu haben, von dem ich wusste, dass er hinter mir steht. Es war komisch. Wir kannten uns erst seit gestern, aber es war so, als wenn wir uns schon eine lange Zeit vorher kannten.

Kapitel 5

Wir recherchierten wirklich viel über die Fälle, aber das einzige, dass wir herausfanden war, wie der Täter vorging. Es war immer dasselbe Schema und hatte immer mit Bränden zu tun.
„Er ist immer mit einem Leihwagen abgehauen und hat ihn dann später irgendwo stehen lassen. Bei diesem Fall hat er sein Auto sogar die Klippe runter gestürzt. Das war noch gar nicht so lange her“, fiel John auf.
„Ja klar, um auch ja keine Spuren zu hinterlassen. Er will keine Fehler machen. Weißt du, ob hier in der Nähe ein Autoverleih ist? “, wollte ich wissen. Ich drehte mich in dem Bürostuhl ein wenig hin und her. John saß links neben mir am Schreibtisch und fing wieder an zu tippen. Normalerweise

hatte ich nie Spaß an so etwas. Aber mit John war das was anderes. Er hatte eine ganz andere Art an die Fakten zu gehen und jede neue Idee von ihm machte das Ganze noch spannend; was natürlich auch daran liegen könnte, dass es kein einfaches Beispiel war, wie in der Schule. Wir recherchierten an echten Kriminalfällen.
„Ja, ich guck mal, welche hier in der Nähe sind. Aber mehr beschäftigen mich die Namen, mit denen er die Wagen geliehen hat. Es muss doch eine Verbindung geben."
„Okay ich schreib die Namen mal zusammen. Vielleicht fällt ja was auf."

Johns Mutter kam einmal rein, um zuschauen was wir machten und brachte uns ein Obstteller. Das war die Nervennahrung, die wir brauchten. Es war ein schönes Beisammensitzen, doch ich beschloss, dass ich mich jetzt langsam auf den Weg machen sollte. Es war zwar erst halb sieben, und ich hatte eigentlich keine Lust zu gehen, doch ich hatte das Gefühl, dass es unhöflich wäre, seiner Familie auf den Wecker zu fallen, denn ich kannte sie ja noch nicht richtig. Eigenartigerweise war bei seiner Familie nicht so ein vertrautes Gefühl wie bei John. Was nichts mit ihnen zu tun hatte. Sie waren sogar sehr nett, aber es waren für mich halt noch Fremde. Ich überlegte, wie ich meinen Abgang am besten Begründen konnte, doch er unterbrach meine Gedanken.
„Alyson?" Ich schaute auf. Irgendwas an seinem Ton stimmte nicht. Er zögerte... „Hier steht was... von einem Mann ...schau dir das mal genauer an!" Er schob sein Laptop in meine Richtung.
Doch ich schaute erst ihn an, doch als mir sein Blick nur verriet, dass es keine gute Sache war, fing ich an den Artikel einer amerikanischen Zeitschrift zu lesen.
Mein Englisch war zwar nicht perfekt, aber gut genug um den Bericht über den Mann verstehen zu können.
Es handelte von einem amerikanischen Mann, der sich viele Zeitungsberichte aus den Fingern sog und als echte Berichte, aus der Zukunft kommende, verkaufte. Dabei nahm er sich irgendein Gebäude, das bekannt war und dachte sich dazu

eine Geschichte aus, um die Leute zu erschrecken. Außerdem sollte er in einem kleinen Laden in Kalifornien arbeiten.
Ich konnte es nicht glauben und schaute wieder John an. Als er mein erschrockenes Gesicht sah, fing er an:

„Ich kann das nicht glauben! Die ganze Arbeit war umsonst! Was… wie konnte er denn darauf kommen“, rief er verärgert.
„Vielleicht hat er dich mit deiner Schwester gesehen und wollte sich ein Spaß erlauben.“
„Ja. Aber, HALLO? Ich meine, das ist nicht mehr normal. Und außerdem, du dachtest du wärst diese Person!“ John stand wütend auf. Ich wusste genau wie er sich jetzt fühlte, schließlich war ich in derselben Situation. „Aber wie kommt er nur auf diese dämliche Geschichte? Ist der nicht mehr ganz dicht? Das ist schon alles andere als erschrecken! Du hattest Todesangst. Und ich hatte solche Angst um dich…“ Er wurde leiser.
„Wirklich?“, unterbrach ich ihn. Ich hätte nie gedacht, dass er schon so zu mir stand.
„Ja.“ Er schaute mir nun in die Augen. „Ich weiß es klingt verrückt, aber du bist jetzt schon eine gute Freundin für mich. Aber, wie konnte der nur? Wie konnte der uns so ein Schrecken einjagen?“ Ich überlegte wie er auf diese Idee kommen konnte.
„Hey, dachte der nicht erst du wärst ein Mädchen und das deine Mutter dort arbeitet?“
„Stimmt. Also war das gar kein Zufall mit dem Artikel. Der war an mich gerichtet. Es sollte mein Todesurteil sein. Dieses Arschloch! Schuldige diese Wortwahl, aber er hat es nicht anders verdient.“
„Irgendwie hat es doch auch sein Gutes, oder?“, fiel mir auf.
„Wie meinst du das? Das wir alles umsonst recherchiert haben, oder, dass wir beide zu Tode erschreckt sind?“ Jetzt mussten wir beide grinsen.
„Nein! Ich meine, dass wir uns ohne diesen Fall gar nicht kennengelernt hätten. Abgesehen von dem Grillabend, aber da hätte ich mich nie getraut dich anzusprechen!“
„Ja, stimmt schon. Aber weißt du was? Vielleicht können wir mit den Recherchen auch etwas anfangen.“
„Jetzt doch für den Deutschunterricht?“

„Quatsch! Aber ich denke, dass diese Fälle wirklich alle zusammenhängen. So wie es aussieht, hat dieser Täter von den Bränden noch nicht genug. Er wird, solange er nicht geschnappt wird, immer weitermachen, dass wette ich mit dir."
„Und was heißt das? Weiter recherchieren?" Ich merkte selber, dass meine Stimme nicht sehr begeistert klang. Jetzt, da mich der Fall nichts mehr anging, hatte ich keine Lust mehr auf so viel Arbeit, aber vielleicht würde ich mich ja umstimmen lassen. Der Abend mit ihm war trotzdem ganz schön. Dann sagte er, als hätte er das gehört:
„Nein. Ich meine ich werde schon weiter suchen, aber vielleicht können wir uns ja mal einfach so treffen, ohne diesen Stress etwas herausfinden zu müssen." Das war ganz meine Meinung.
„Gern", sagte ich wie automatisch etwas verlegen. „Aber ich denke für heute sollte ich erst mal los fahren. Sonst wundern sich meine Eltern, warum ich nicht komme und rufen bei Paula an.
„Du hast ihnen nicht gesagt…"
„Nein, aber das werd ich bald mal nachholen müssen." Vor allem, wenn wir uns jetzt öfters treffen, fuhr ich in meinem Kopf fort und wünschte mir, dass er mir diese Gedanken nicht ablas.

ISBN 3-9804233-5-2